郑州市名街志文化工程

西大街街道志

郑州市地方史志编纂委员会　主办
郑州市地方史志办公室　编著

中国水利水电出版社
www.waterpub.com.cn
·北京·

图书在版编目（CIP）数据

西大街街道志 / 郑州市地方史志办公室编著. -- 北京 : 中国水利水电出版社, 2019.12
郑州市名街志文化工程
ISBN 978-7-5170-8189-0

Ⅰ. ①西… Ⅱ. ①郑… Ⅲ. ①区(城市)-地方志-管城回族区 Ⅳ. ①K296.14

中国版本图书馆CIP数据核字(2019)第254079号

总 策 划：营幼峰
选题策划：马爱梅　宋建娜　张小思
责任编辑：戴甫青

	郑州市名街志文化工程
书　名	西大街街道志
	XIDAJIE JIEDAO ZHI
作　者	郑州市地方史志办公室　编著
出版发行	中国水利水电出版社
	(北京市海淀区玉渊潭南路1号D座　100038)
	网址: www.waterpub.com.cn
	E-mail: sales@waterpub.com.cn
	电话: (010) 68367658 (营销中心)
经　售	北京科水图书销售中心 (零售)
	电话: (010) 88383994、63202643、68545874
	全国各地新华书店和相关出版物销售网点
排　版	北京金五环出版服务有限公司
印　刷	北京印匠彩色印刷有限公司
规　格	184mm×260mm　16开本　11.25印张　198千字
版　次	2019年12月第1版　2019年12月第1次印刷
印　数	0001—1900册
定　价	98.00元

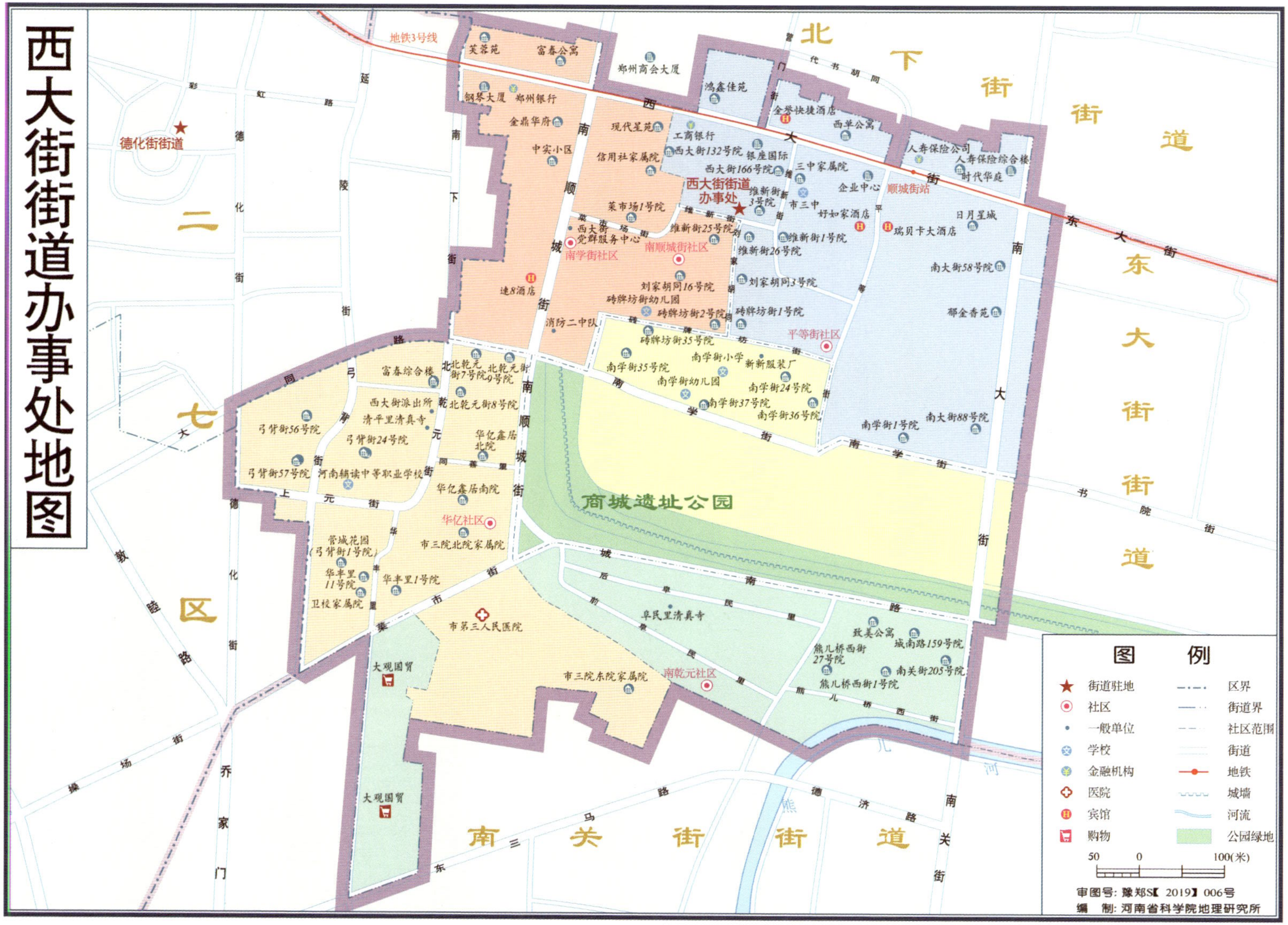
西大街街道办事处地图
地铁3号线
芙蓉苑
富春公寓
郑州商会大厦
鸿鑫佳苑
钢琴大厦
郑州银行
金鼎华府
中实小区
现代星苑
信用社家属院
工商银行
西大街132号院
银座国际
西大街166号院
三中家属院
全季快捷酒店
西单公寓
人寿保险公司
人寿保险综合楼
时代华庭
顺城街站
企业中心
西大街街道办事处
维新街3号院
市三中
好如家酒店
日月星城
瑞贝卡大酒店
菜市场1号院
维新街25号院
维新街1号院
维新街26号院
西大街党群服务中心
南学街社区
南顺城街社区
速8酒店
刘家胡同16号院
砖牌坊街幼儿园
刘家胡同3号院
砖牌坊街2号院
砖牌坊街1号院
南大街58号院
郁金香苑
消防二中队
砖牌坊街35号院
平等街社区
南学街小学
新新服装厂
南学街35号院
南学街幼儿园
南学街24号院
南学街37号院
南学街36号院
南学街1号院
南大街88号院
富春综合楼
北乾元街7号院
北乾元街9号院
北乾元街8号院
西大街派出所
清平里清真寺
弓背街56号院
弓背街24号院
华亿鑫居北院
弓背街57号院
河南辅读中等职业学校
华亿鑫居南院
华亿社区
商城遗址公园
营城花园（弓背街1号院）
市三院北院家属院
华丰里11号院
华丰里1号院
卫校家属院
市第三人民医院
阜民里清真寺
致美公寓
城南路159号院
熊儿桥西街27号院
南关街205号院
熊儿桥西街1号院
大观国贸
市三院东院家属院
南乾元社区
德化街街道
二七区
北下街街道
东大街街道
南关街街道
西大街
南顺城街
南大街
南学街
城南路
书院街
延陵街
德化街
彩虹路
敦睦路
乔家门
操场街
东三马路
德济路
南关街
弓背街
上元街
乾元街
同乐里
市府后街
阜民里
熊儿桥西街
维新街
平等街
砖牌坊街
管城街
代书胡同
熊儿河
图例
街道驻地
社区
一般单位
学校
金融机构
医院
宾馆
购物
区界
街道界
社区范围
街道
地铁
城墙
河流
公园绿地
50 0 100(米)
审图号：豫郑S【2019】006号
编 制：河南省科学院地理研究所

西大街街道办事处地图

西大街辖区全貌　马健　摄

熊耳河 马健 摄

全国
郑 州
中华人民共和
河南省人民

商代遗址

夕阳楼遗址　孙建辉　摄

砂锅炖菜·烩面
啤酒凉菜

老街记忆　孙建辉　摄

郑州市名镇志、名村志、名街志编纂委员会

《西大街街道志》编纂委员会

主　　任　李颖辉

副 主 任　魏　峰　李瑞红

委　　员　沙红庆　高凌宇　朱金宁　杨文铮　梁　爽　魏慧杰
赵冬阳　陈晓曼

编　　撰　**河南日报农村版**
顾　华　盛俊红　殷淑娟　刘振宇　段俊韶　孙　兵
雷　震　王　慧　武玲燕　梁芳芳　雷泽洋

摄　　影　马　健　孙建辉　李昆鹏

序

2018年以来，我们在中国地方志指导小组办公室、河南省地方史志办公室的热情指导和大力支持下，在郑州市各县（市、区）地方史志工作机构及相关镇、村、街道的共同努力下，开拓创新，克难攻坚，相继完成了11部镇志、1部村志、18部街道志，共计30部基层志书的编纂出版工作。这是我市坚持以习近平新时代中国特色社会主义思想为指引，认真贯彻落实《全国地方志事业发展规划纲要（2015—2020年）》（国办发〔2015〕64号），围绕中心、服务大局，推动地方志事业高质量发展、发挥存史、资政、育人职能作用的一项重要成果。

这30部志书以镇志、村志、街道志为主线，全面、客观地记述了郑州从一座古老的城市发展成为国家中心城市的历史进程，阐释了中华文明、中原文化在郑州这座城市的文明形态起源、嬗变和现代转型。聚焦黄河文化、商都文化、黄帝文化、河洛文化、嵩山文化和二七精神等重要的城市文化名片，我们组织编纂了管城区《东大街街道志》《西大街街道志》《城东路街道志》，二七区《德化街道志》，金水区《杜岭街道志》，巩义市《回郭镇志》《大峪沟镇志》《康店镇志》《河洛镇志》《站街镇志》，新郑市《孟庄镇志》《新建路街道志》，惠济区《古荥镇志》，上街区《峡窝镇志》《方顶村志》，中牟县《雁鸣湖镇志》，新密市《刘寨镇志》，登封市《告成镇志》等一批志书。我们尝试从地方志的角度描述、分析这些文化的历史演进，宏大叙事与微观剖析并重，讲述方志故事，凝聚城市精神，发现并彰显这些深藏在街道社区、乡镇村庄里的城市文化根脉。

我们借鉴人文地理学和社会学的调查研究方法，在中原区委、区政府的支持下，组织编纂了该区《西流湖街道志》《中原西路街道志》《桐柏路街道志》《三官庙街道志》《棉纺路街道志》《绿东村街道志》《林山寨街道志》《汝河路街道志》《航海西路街道志》《须水街道志》《秦岭路街道志》《建设路街道志》12部街道志，对一个行政建置区域的政治、经济、文化、社会、生态建设状况，特别是对自中华人民共和国成立以来各个历史时期的发展做了全方位的较完整记述。这些街道志组成了美丽的“方志拼图”，从中我们可以清晰地看到中原区从一个传统的城郊农业区，在新中国成立初期形成郑州市的市级行政中心、文化中心和现代工业区，改革开放以来经过国企改革的华丽“蝶变”，转型升级为现代化宜居宜业新城区的时空轨迹。

我们在丛书编纂中基本采用了中国地方志指导小组办公室确定的中国名镇志、名村志、名街志编写体例，以质量为生命线，强化精品意识，与各编纂单位和出版单位一起，对每部志书严把政治关、史实关、体例关、文字关、出版关，认真贯彻落实《郑州市地方志工作规定》要求，理顺管理体制和运行机制，分级负责与属地管理相结合，明确了市、县（市、区）、镇（街道）、村等各级在志书编纂中的具体权责，一级抓一级，层层抓落实，形成了踏石留印、抓铁有痕的良好工作格局。

在编纂方式上，我们积极适应“读图时代”的现代读者需求，在锤炼文字表达的同时，特别突出了“图像存史”的作用。我们与河南省美术家协会合作，组织一批在省内乃至全国有影响力的优秀画家，深入基层开展采风创作，用画笔描绘郑州美丽乡村和城市现代街区风貌。我们要求编纂单位注意对优秀美术作品的资料收集，如巩义籍著名画家陈天然、徐小龙等长年扎根农村基层，创作出一批表现浓郁乡土风情的优秀美术作品，经其家人慨允，许多作品收入相关志书，成为熠熠生辉的亮点。中共郑州市委宣传部外宣办，河南日报新闻图片有限公司，郑州日报社及市、县（市、区）摄影家协会等单位和许多优秀、敬业的摄影家，为我们提供、创作了一大批精彩的摄影作品，与志书篇章结构和语言文字同步配合，形成了一个全新的图像叙事体系。这已不是简单的配图、插图、图文并茂，而是把图像证史、存史放在了编纂方式创新的维度上来考量其价值与意义。

为提高志书编纂的学术品质，我们与郑州大学建筑学院合作，开展传统村落与民居保护和城市街区建筑文化专项调查，形成了一批研究成果，并在编纂中予以重点展示。郑州市是中华文明探源工程、夏商周断代工程等考古研究的重点区域，拥有世界文化遗产——登封“天地之中”历史建筑群和诸多国家重点文物保护单位，各类历史文化遗迹俯拾即是。

在文物部门的大力支持下，我们在相关志书编纂中，注意收录考古最新发现及研究成果，以丰富志书编纂的文化内涵。

这里需要特别感谢的是，河南日报农村版、中国水利水电出版社等单位积极、热情地参与到编纂工作中，帮助我们探索了史志工作与专业机构通力合作、优势互补、众手成志的史志编纂新模式。在这部丛书出版之际，谨向支持、参与这项工作的所有部门、单位，领导、专家和基层史志工作者表示真诚的谢意！

以上是我们在郑州市名镇志、名村志、名街志文化工程中的一些尝试，不足之处敬请批评指正，以便在今后工作中认真加以改进。

郑州市地方史志办公室

2019年12月

凡 例

一、全面深入贯彻党的十九大和十九届二中、三中全会精神，以马克思列宁主义、毛泽东思想、邓小平理论、“三个代表”重要思想、科学发展观、习近平新时代中国特色社会主义思想为指导，坚持实事求是原则，全面、客观、系统地记述各名街发展过程和改革开放成果，保护和传承名街历史文化，激发爱国爱乡情怀，为探索中国街区建设和城市发展模式、发展道路提供历史智慧和现实借鉴。

二、编纂质量参照中国地方志指导小组印发的《地方志书质量规定》执行。在坚持志体前提下，体裁运用、篇目设置、资料选择等作适当创新。内容记述突出名街“名”与“特”等内涵，应执简驭繁、文约事丰、易于阅读、利于普及。

三、为全面反映名街发展演变脉络，各志上限尽量追溯至事物发端，下限一般断至各街志启动编纂年份。个别重大事项延至搁笔。

四、以下限年份的街区范围为主，与所述名街紧密相关的街巷从简记述。

五、采用纲目体，分类目、分目、条目三个层次。横排门类，纵述史实。除《中国名街志丛书参考篇目》要求的必设类目外，其余类目突出时代特色、地方特点。

六、综合运用述、记、志、传、图、表、录等体裁，以志体为主。

七、除引用原文和附录文献资料外，统一使用规范汉字及现代语体文、记述体。记事坚持秉笔直书、述而不作，寓观点于记述之中。行文力求朴实、严谨、简洁、流畅，可读性强。

八、志中随文配图照，图照下附注文字说明。

九、所需数据一般采用政府统计部门数据，无统计数据的选用主管部门正式发布的数据。

十、志中所称“解放前（后）”，以当地解放日为界；“新中国成立前（后）”，以中华人民共和国成立日 1949 年 10 月 1 日为界；“改革开放前（后）”，以中共十一届三中全会召开的 1978 年 12 月为界。

十一、记事均从第三人称角度记述。人物直书姓名，必要时冠以职务或职称。地名以现行标准地名为准；使用历史地名的，首次出现时括注现行地名。各历史时期党派、团体、组织、机构、职务或职称等均以当时名称为准。称谓过长而又频繁使用的，首次出现时使用全称同时括注简称，之后使用简称。

十二、遵循国家标准和出版规定，志中数字书写以 GB/T 15835—2011《出版物上数字用法》为准，标点符号使用以 GB/T 15834—2011《标点符号用法》为准。

十三、志书所用重要资料尽量注明出处。附载文章于篇后注明资料来源。

十四、本凡例关于名街志编纂中的未尽事宜，可在《编纂始末》中予以说明。

目　录

001　概　述

011　基本街情

012　**历史沿革**
012　街名由来
013　属　地
013　区　划
014　社　区
018　**区　位**
018　自然地理
019　交通地理
019　政治地理
019　经济地理
019　**居　民**
019　人口总量
020　人口结构
020　民族构成
021　**居民生活**
021　衣
021　食
023　住
023　行
025　**社会保障**
025　救济救灾
026　低保扶贫
027　社会保险
028　就业服务
029　离退休管理
031　**党建政事**
031　街道党（工）委
034　街道办事处
034　人大工委、政协工委
034　群团组织

037　基础设施

038　**街道建筑**
041　**市政设施**
041　城市道路
045　城市桥涵
048　城市排水

049 **公用设施**
049 公共交通
049 供　水
050 供　气
050 供　热
050 **园林绿化**
052 **环卫设施**

053 郑州商城遗址（西大街辖区）

054 **商城内城（西大街辖区）**
054 **南顺城街青铜器窖藏坑**
057 **郑州商城维修与保护**

059 夕阳楼遗址

063 古街老巷

064 **西大街**
066 **南大街**
067 **砖牌坊街**
069 **菜市街**
070 **磨盘街**
071 **平等街**
071 **盐店后街**
072 **南学街**

075 经济发展

076 **发展历程**
079 **招商引资**
079 **工　业**
079 郑州新新服装厂
080 郑州尼龙器材厂
080 **楼宇经济**
082 **商　业**
082 南大街药材一条街
083 玉泰生酱园
083 铁记牛肉总店
084 郭记清真烧鸡店

085 民俗风情

086 **礼仪风俗**
086 婚嫁礼俗
087 丧葬礼俗
087 **节日习俗**
087 传统节日习俗
090 新兴节日习俗
092 **方言土语**

095 教科文卫

096 **学校教育**
096 砖牌坊街幼儿园
097 郑州市南学街小学
099 郑州市第三中学
100 郑州市管城回族区辅读学校
100 **科技科普**
100 科普活动
101 华亿社区科普大学
102 社区科普大学平等街分校
103 **群众文艺**
105 **医疗卫生**
105 郑州市第三人民医院
107 **精神文明创建**

111 街区管理

112 **环卫管理**
114 **治安管理**
115 **人口管理**

117 街区人物

118 罗志伸
118 赵星阶
118 赵继谦
119 杨廷芳
119 时从夏
119 尚传贤
120 巫兰英
121 刘　洋

123 大事纪略

124 郑州市南学街小学创办
124 郑州市第三人民医院创建
125 玉泰生酱园成立
125 普利公药栈开业
125 郑州市第三中学创办
126 郑州商代遗址发现发掘
126 发现南顺城街青铜器窖藏坑
127 西大街街道办事处成立
127 发现夕阳楼残碑
127 西大街街道行政服务中心成立
128 商都历史文化区 5 个片区改造启动
128 大事记

131 口述史

132 刘家胡同的记忆
134 退休后，我又上起了大学
135 阜民里的市井气
138 党群服务中心里文化味浓
140 记忆里的西大街街道
142 为居民服务　我很快乐
143 社区旧貌变新颜
145 小车不倒只管推

147 附　录

147 郑州商代城址
147 郑州商城的发现和布局
149 郑州商城的年代
151 郑州商城的性质

153 参考文献

155 编纂始末

概述

商代遗址

一

悠久的历史、灿烂的文化是城市文明的重要标杆。郑州的历史文化发展和延续在西大街街道有着突出的表现。

自 1950 年发现郑州商代遗址后，经历半个多世纪的考古发掘与研究，郑州被考古学界认定为 3600 年前商汤所建之“亳都”。而在西大街街道辖区内，有近千米的商代夯土城垣和商代青铜器窖藏坑。

在西大街—西南城角—南大街段，有长约 930 米的商代古城垣。古城垣横断面呈梯形，中间用灰黄色的夯土层层平夯，古城垣既是商代“亳都”古城的边界，也是“亳都”抵御外敌的屏障。

1996年，在西大街街道辖区西大街以南、南顺城街以西区域内，发现了青铜器窖藏坑，出土了丰富的商代王室重器，包括一组共12件青铜器。这批青铜器是我国目前所发现的商代前期青铜器中罕见的重器，造型大方，制作精致，花纹朴实，反映出在3000多年前的商朝，我们的祖先在青铜器铸造方面已经有了精湛的工艺。

郑州商代遗址印证了郑州是我国最古老的城市之一。作为中华民族文化的发祥地之一，郑州自商周之后相当长的历史时期内，是中国和中原地区的政治或经济中心，中原文明的传播惠及全国乃至海外。

“花明柳暗绕天愁，上尽重城更上楼。欲问孤鸿向何处，不知身世自悠悠。”这是唐代著名诗人李商隐客寓郑州时写的诗作《夕阳楼》。经考证，诗中的夕阳楼就在西大街街道辖区的郑州商代遗址城垣上。

2008年12月，在郑州商代遗址城垣西南角的警报山上，正在施工的工人们在一棵石榴树下，意外发现了一块刻有文字的半截石碑。经过尘土清理、擦洗，石碑上繁体的“阳楼”二字清晰可见，石碑的另一面，四周刻有缠枝花卉，中间字迹模糊不清。经过文物专家的判断，认为这块半截石碑应属郑州古夕阳楼石碑。

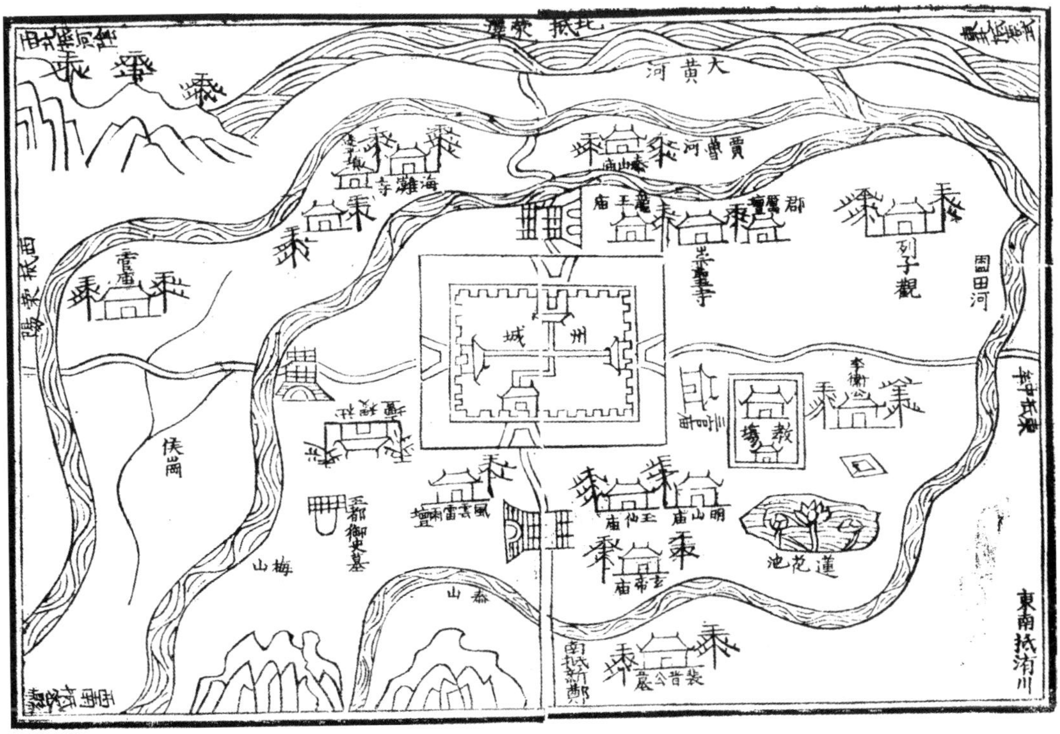

《嘉靖郑州志》疆域图

夕阳楼遗址被发现后，郑州进行了系统的保护和修复，并于 2014 年 10 月 16 日在遗址上设立了《夕阳楼遗址碑记》，碑记确认：李商隐“上尽重城更上楼” 诗句所描绘的夕阳楼，应建在此处城墙之上。

古时，夕阳楼是登高胜地，登楼远眺，南可观梅峰，北可赏邙山。唐代以来，无数文人墨客、骚人雅士在夕阳楼吟咏流连。在中国历史上，唐宋时期的名楼，很多都是建了毁，毁了再建，夕阳楼亦是如此。

2016 年，商都历史文化区建设大幕拉开，夕阳楼片区作为商都历史文化区的片区之一，格外引人关注。该片区以夕阳楼为重点，打造片区的制高点，重点突出文化传承，将商、汉、魏、晋、唐、宋、元、明、清、近现代等各朝代历史遗存串联成景，形成最具体验感的历史文化街区，让游客穿越年轮、感受历史、品味文化。

除了商代遗址、夕阳楼遗址外，西大街辖区还有许多名人遗迹。1061 年，北宋苏轼、苏辙兄弟告别于郑州城西门之外，苏轼写下了《辛丑十一月十九日既与子由别于郑州西门之外马上赋诗一篇寄之》，抒发依依别离之情。诗曰：“不饮胡为醉兀兀，此心已逐归鞍发。归人犹自念庭闱，今我何以慰寂寞。登高回首坡垅隔，但见乌帽出复没。苦寒念尔衣裘薄，独骑瘦马踏残月。路人行歌居人乐，童仆怪我苦凄恻。亦知人生要有别，但恐岁月去飘忽。寒灯相对记畴昔，夜雨何时听萧瑟？ 君知此意不可忘，慎勿苦爱高官职。”其中，郑州西门之外就在如今的西大街辖区。

二

西大街街道因辖区内西大街得名。西大街是一条千年传统老街，建于唐代，是郑州市最老的商业街之一。

郑州虽为商朝都邑，历史久远，但商业网点的设置，历朝并无统筹布局。“日中为市，交易而退”，固定商业设施甚少。直到 19 世纪末，原老城区的西大街、大十字一带，有较小规模的店铺开业。

20 世纪初，随着芦汉铁路（京广铁路前身）、汴洛铁路（陇海铁路前身）相继建成通车，商贩云集，郑州的商业贸易渐趋繁荣。到 20 世纪 20 年代初，郑州辟为商埠，从火车站到老城区的各商业街陆续形成，大街小巷基本连成一片。

自 19 世纪末到 20 世纪二三十年代，西大街发展为郑州最繁华的街道之一，时谚有“穷东街，富西街，穿靴戴帽是南街，搽脂抹粉到北街”之说。

此时，西大街商业有这样的特点：商业种类多、诚信经营多、产品卖得好、大店大铺多，并且商业种类涉及各行各业。做水烟杂货生意的店铺有广茂烟坊、同茂祥、广德厚等；做糕点、酱菜生意的有玉泰生酱园等；做瓜子、大米生意的有信义城、祥太长等；做布匹绸缎生意的有景文洲汴绸庄，协大、泉兴长布庄等；做靴鞋生意的有广泰靴鞋铺、庆福斋等；做故衣（亡人的穿戴用品）生意的有广魁、广舜、纯兴等；做银号生意的有合成银号、豫大银行；出名的饭店有明月楼。除此之外，还有油行、粮行、铁货行、瓷器行、石灰行等土产杂货的商行店铺多家，有棉花行 20 多家，做颜料生意的一度也很兴旺，规模最多时近百家。

西大街在明清时被称为里仁街，取意这里把诚信和仁义融进生意里。在经营作风上，讲究“货真价实，童叟无欺”；服务态度上，信奉“和气能招千里客，美言成交易，信誉招千金”“三分生意，七分仁义，人无喜色休开店”。这一时期，西大街生意人热情待客、诚信经营在老郑州是出了名的。

因为诚信经营，西大街各行各业经营都比较好，大店大铺多、货卖得多、赚钱也多。其中，1921 年开业的玉泰生酱园经营有道，生意兴隆，是当时郑州城内最大的糕点酱菜店。20 世纪 30 年代，西大街销售的瓜子是郑州的主要外销商品之一，年销量在 700 万公斤。西大街的秤店，自产自销，生意最好时，年产量可达 700 多杆秤，远销豫西和西安一带。1945 年前后，郑州有 100 多家店铺做颜料生意，大多聚居在西大街上，他们的店铺被称为大红店，当地流传的歇后语“大红店的染料——花红柳绿”便由此而来。

21 世纪初，西大街进行升级改造，街道宽阔通畅，绿树成行，两边的临街房屋扩建成现代街区，高楼林立，面貌一新。两侧楼房延续西大街沿街商业的传统，形成以西大街为中心，带动南大街、南顺城街等沿街商业快速发展的商业圈。

三

西大街街道办事处成立于 2000 年 4 月，辖区东起南大街、南关街，西至南顺城街与二七区接壤，南起熊耳河、东三马路，北至西大街，面积约 0.67 平方千米，是郑州市面积最小的办事处之一。

街道成立之初，辖区棚户区居多，基础设施差、房屋老化严重、道路设施破旧。为改变城市面貌，街道办事处将市容环境整治作为一项重点工作，通过积极开展人居环境改善、

JM 集美整形
JM 郑州集美美容医院
ZHENGZHOU JIMEI PLASTIC HOSPITAL
集美展示厅
顺城街站

西大街　马健　摄

维新街文明新风墙

国家卫生城市和全国文明城市创建、商都历史文化区建设、城市精细化管理、老旧小区改造等工作，使居民群众的生产生活环境发生很大改观。

除了西大街、南大街等主要街道外，辖区还有一些古老街巷，如砖牌坊街、菜市街、磨盘街、平等街、盐店后街、南学街等，它们记录了生活在这里人们的市井气息，保留了老郑州的历史故事。

近年来，为了让老街焕发新的生机，西大街街道办事处用绣花功夫推进精细化管理，把“路长制”和老旧小区改造有机结合起来，在平等街、南大街等街巷的门店牌匾中融入文化元素；在维新街和砖牌坊街等街巷两侧，设计安装了商城遗址照片墙、老城市井气息照片墙、童画墙、文明新风墙等，将温暖的城市记忆融入市民现代生活。

透过文化的点缀，曾经破旧、杂乱无序的老旧背街，整洁干净且充满文化韵味，实现了华美的涅槃重生。

四

西大街把人文和谐作为经济社会发展的重要方向，坚持为人民服务的宗旨，积极构建和谐社区，辖区居民的获得感、幸福感和安全感不断增强。

为帮助群众实现就业再就业，街道在2003年成立劳动保障事务所和4个社区劳动保障工作站，2004年在南学街社区服务中心成立郑州市首家残疾人集中就业市场，帮助残疾人就业。截至2018年年底，街道开展了“家门口就业计划”“迎中秋，送岗位、送政策、送温暖”“下岗失业人员技能培训班”“送岗位，进社区，帮您就业”招聘会等一系列就业帮扶活动，累计帮助辖区群众实现就业再就业16900余人次。

2015年，街道建成郑州市第一家街道级便民服务中心——西大街便民服务中心。面积近2000平方米，设置有行政事务受理中心、书画室、图书阅览室、舞蹈室、声乐室等

平等街社区党群服务中心办理居家养老登记 马健 摄

活动场所，能够为群众提供行政事务办理、文化活动、学习教育等30余项活动，受到辖区群众的欢迎。

街道建立有综合文化站，各社区建立有文化服务中心。2016年以来，街道举办“我们的节日”“流金岁月、重拾浪漫”“文明祭扫、低碳清明”“情满新年、爱在社区”“城墙根儿，我的家元旦联欢会”“庆元宵、猜灯谜”“端午佳节浓情粽意，志愿服务温暖人心”“西街享欢乐、情满在中秋”等系列文化活动，辖区文化事业蓬勃发展。

基本街情

西大街街道位于郑州市管城回族区西部，街道办事处最早成立于1956年。辖区东起南大街、南关街，西至南顺城街与二七区接壤，南起熊耳河、东三马路，北至西大街。

辖区面积0.67平方千米，街道党政机关驻管城回族区维新街4号。截至2018年年底，街道辖5个社区，共有1.3万户3.6万余人。

历史沿革

街名由来

西大街街道名称来源于辖区的西大街。

西大街是管城区的一条传统老街，初建于唐代，明清时叫里仁街，清末至民国前期，因位于旧郑县城西关外，故名西关大街，后来叫西大街。1927年改名为中山西街。中华人民共和国成立后改名为西大街，20世纪60年代改名为解放中路，1985年复名西大街。

21世纪初，政府对西大街进一步拓宽改建。如今街道宽阔，绿树成行，西大街成为郑州市既有悠久历史，又具有现代化风貌的商业街区。

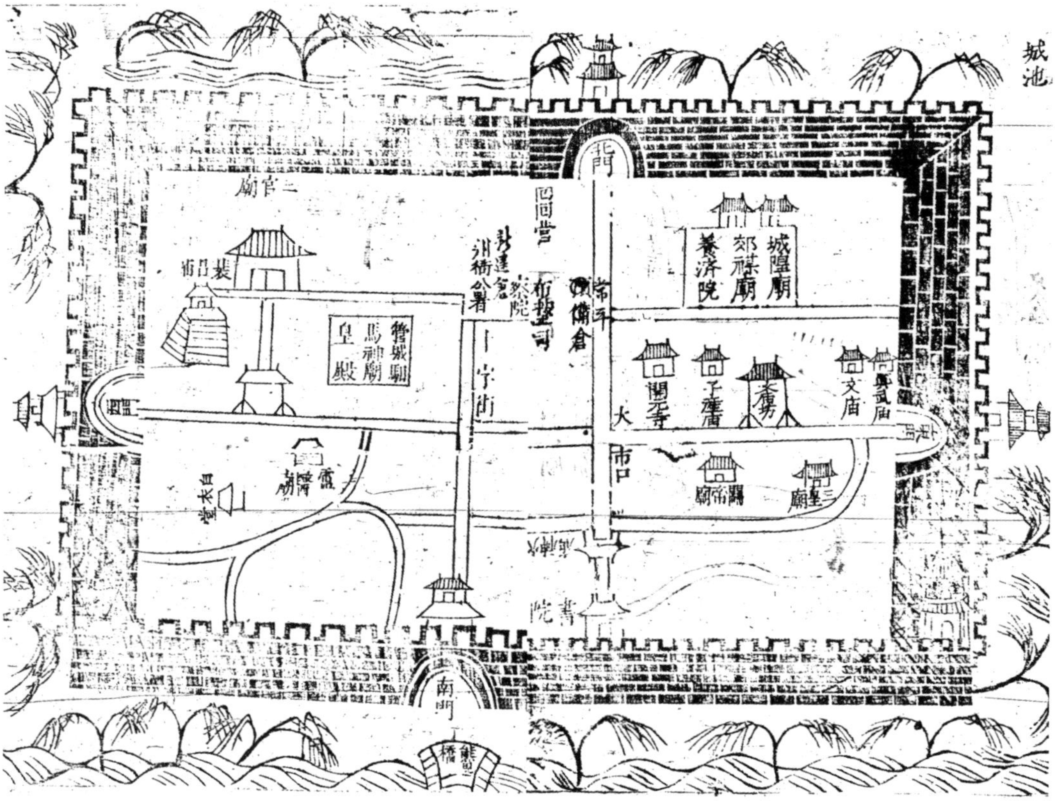

康熙《郑州志》城池图

属 地

清末至民国前期，辖区位于旧郑县城西关外。

1948 年，辖区属郑州市第一区。

1949 年，辖区属郑州市第一区第二派出所。

1956 年，西大街办事处成立。

1958 年 8 月，郑州管城区建立，下辖 10 个街道办事处，西大街为其中之一。

1959 年 3 月，辖区改属西大街人民公社。

1960 年 6 月，辖区改属红旗人民公社西大街分社。

1961 年 5 月，红旗人民公社复名管城区，区辖各分社复名街道办事处，辖区属西大街街道办事处。

1966 年 5 月，管城区更名为向阳区，西大街街道办事处更名为解放中路街道办事处。

1983 年，向阳回族区更名管城回族区，在“文化大革命”中改名的部分街道办事处亦恢复原有名称。

1988 年 4 月，菜市街办事处、西大街办事处、北下街办事处合并为北下街办事处，辖区改属北下街办事处。

2000 年 4 月，管城回族区政府对北下街街道进行重新调整，分为北下街、西大街两个街道。2000 年 4 月 3 日，西大街街道办事处挂牌成立。

区 划

2000 年以前，街道辖 14 个居委会，分别为砖牌坊街、维新街、西大街、盐店后街、二道胡同、南顺城街、南学街、菜市街、南乾元街、前阜民里、后阜民里、弓背街、城南路、郑州市第三人民医院。

2000 年 4 月，街道区划调整。10 月，辖区砖牌坊街、盐店后街、维新街、西大街、二道胡同 5 个居民委员会整合成为平等街社区。

2001 年 6 月，辖区成立南顺城街社区、南乾元社区、市三院社区。南顺城街社区由南顺城街、弓背街、南学街、菜市街 4 个居委会组成；南乾元社区由城南路、前阜民里、后阜民里、南乾元街 4 个居委会组成；市三院社区主要以郑州市第三人民医院家属院为主。

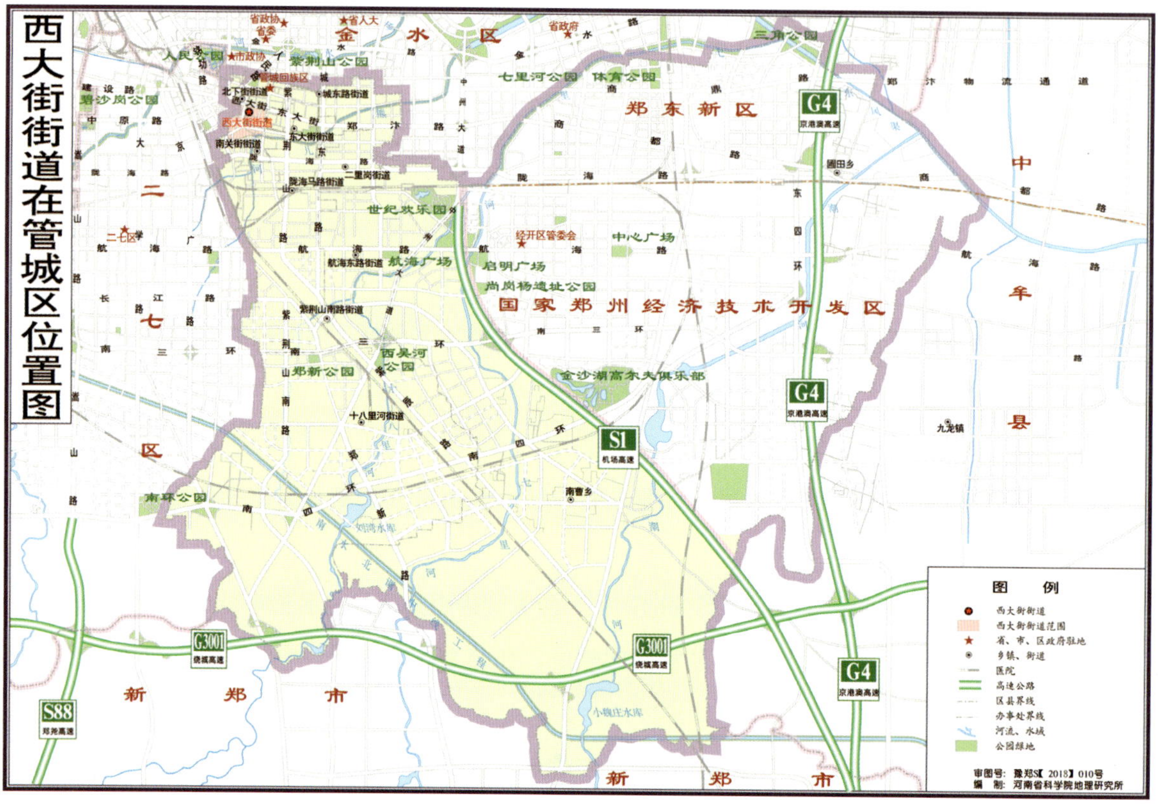

西大街街道在管城区位置图

2002 年 4 月，成立南学街社区。

2005 年，辖区将 14 个居委会整合为 5 个社区。

2006 年 10 月，成立华亿社区。

2014 年，实施网格化管理，将三院社区合并至华亿社区。

至 2018 年，街道辖社区 5 个：平等街社区、南顺城街社区、华亿社区、南乾元社区、南学街社区。楼院 57 个（居民楼院 49 个，单位型楼院 8 个），共 125 栋楼，405 个门栋，5 个平房区。

社　区

平等街社区　平等街社区东起南大街，西至刘家胡同，南起南学街，北至西大街，面积 0.17 平方千米，成立于 2000 年 10 月。

社区现辖 18 个居民楼院，2 家公共单位，有郑州市第三中学、豫翔中学、辅读学校 3 所学校。辖区共有 3130 户 8521 人，其中流动人口 1549 人。

社区办公地点位于平等街 6 号，社区综合服务中心面积为 806 平方米，设有便民服务中心、综治服务中心、社区文体活动中心、社区卫生服务中心、日间照料服务中心、儿童服务中心、社区志愿者服务中心等。

社区先后获得国家级青年文明社区、郑州市文明社区等称号。城市管理、计划生育、司法调解、社会治安综合治理、精神文明建设等多项工作被评为河南省、郑州市先进。

南顺城街社区 南顺城街社区东起刘家胡同，西至南下街路东，南起砖牌坊街、小西门、大同路，北至西大街，面积 0.13 平方千米，成立于 2001 年 6 月，位于西大街街道西部。

社区现辖 14 个居民楼院，2 家公共单位，沿街大小门店、超市 200 余家。辖区共有 2400 户 12100 余人，其中流动人口 3600 余人。

社区办公地点位于刘家胡同 16 号院，面积 260 平方米，设有警务室、医疗卫生服务中心、老年人学校、图书阅览室等，配备有棋牌、乒乓球等健身器材，社区还有室外活动场所及室外健身器材。

平等街社区

南顺城街社区 马健 摄

社区先后获得“郑州市文明社区”“郑州市社区文化建设先进社区”“管城区先进基层党组织”“计划生育先进社区”“学习型社区”等称号。

南学街社区 南学街社区东起南大街，西至南顺城街，南起砖牌坊街，北至城南路，面积0.12平方千米，成立于2002年4月，位于西大街街道中东部。

社区现辖5个居民楼院，2家公共单位，沿街大小门店、超市57家。辖区共有2500户4770余人，其中流动人口1400余人。

社区办公地点位于南顺城街56号。

华亿社区 华亿社区东至南顺城街，西至弓背街，南至菜市街，北至大同路，面积0.15平方千米，成立于2006年10月，位于西大街街道中部。

社区现辖14个成型楼院，1个平房区，2家公共单位，沿街大小门店、超市335家。辖区人口共有2122户6300余人，其中流动人口4200余人。

社区办公地点位于菜市街1号，社区综合服务中心面积210平方米。内设有老年学校、健身室、棋牌室等，社区成立了老年合唱团、门球队、秧歌队、编织组等文体活动队伍。

南学街社区　孙建辉　摄

华亿社区　马健　摄

南乾元社区　马健　摄

南乾元社区　南乾元社区东起南关街，西至南乾元街，南起前阜民里，北至城南路，面积 0.1 平方千米，成立于 2001 年 6 月，位于西大街街道南部。

社区现辖 6 个居民楼院，城南路、前阜民里、后阜民里、熊耳桥西街 4 个平房区，沿街大小门店、超市 149 家。辖区人口共有 1631 户 3310 余人，其中流动人口 2100 余人。

社区办公地址位于前阜民里 60 号，社区综合服务中心面积 280 平方米，设有警务室、棋牌室、图书室、社区学校、健身室等。

区　位

自然地理

区　位　西大街街道位于郑州城区的中西部，地理坐标为北纬 34°44′、东经 113°40′。辖区东西宽 1.4 千米，南北长 1.5 千米。

气　候　辖区处于北温带和亚热带气候的过渡带，属季风型大陆性气候，四季分明，日照时间长，热量充足，自然降水偏少。春旱多风、冷暖无常；夏炎多雨、水热同期；秋凉晴爽、日照充足；冬季干燥、风多雨（雪）少。

交通地理

辖区距郑州火车站、郑州长途汽车中心站约 1.4 千米，距郑州东站约 10.5 千米，距郑州汽车客运总站约 4.6 千米，距陇海汽车站约 2 千米。

辖区交通便利，西临地铁 1 号线二七广场站，正在建设的地铁 3 号线在辖区穿过，经过辖区的公交线路有 10 余条。

政治地理

西大街街道办事处位于城区中心位置，距离郑州市管城回族区政府 0.9 千米。2016 年年底，投资近百亿元的郑州商都历史文化区正式开建，努力打造出一个集历史、文化、创意、艺术、科技等元素于一体的世界商都文化创意旅游示范区，西大街街道是其中文化区建设的重要组成部分。

经济地理

西大街街道西接人民路，东至管城街，紧邻郑州火车站地区。清末，随着京汉、陇海两大铁路通车，郑州火车站附近小商贩以及小手工业者集聚西大街辖区内，商业突出。

20 世纪 80 年代，街道位于二七商圈的辐射圈内，受其影响，商业发展迅速。21 世纪初，西大街拓宽改建，街道两边临街房屋改建为具有民族特色的楼房，吸引了众多商家投资。如今的西大街街道商业繁荣，楼宇经济发展迅速。

居 民

人口总量

2000 年，第五次全国人口普查，辖区总人口为 19841 人。

2001 年，辖区共有 8320 户 23470 人。

2002 年，辖区总人口为 25460 人，其中常住人口 19020 人，流动人口 6440 人。

2003 年，辖区总人口为 20690 人，其中常住人口 11990 人，流动人口 8700 人。

2004 年，辖区总人口为 20286 人，其中常住人口 13540 人，流动人口 6746 人。

2005 年，辖区总人口为 17103 人，其中常住人口 11775 人，流动人口 5328 人。

2010 年，第六次全国人口普查中，辖区共有 11632 户 32988 人。

2011—2017 年，辖区总人口为 3.6 万人，其中常住人口 2.3 万人，流动人口 1.3 万人。

2018 年，辖区共有 1.3 万户 3.6 万余人，其中常住人口 2.3 万余人，流动人口 1.3 万余人。

人口结构

2000 年，辖区总人口为 19841 人，其中男 9823 人，女 10018 人。辖区 6 ~ 14 岁 2346 人，15 ~ 64 岁 14506 人，65 岁以上 1930 人。辖区具有高中和中专学历者 980 人，大专及以上学历者 1373 人。

2002 年，辖区总人口为 25460 人，其中常住人口 19020 人，流动人口 6440 人。在常住人口中，性别构成：男性 9819 人，女性 9201 人，男女性别比为：1.067 ∶ 1；年龄构成：7 ~ 14 岁 937 人，15 ~ 59 岁 2214 人，60 岁以上 2194 人。学历构成：初中 5154 人，高中 8081 人，大专及以上学历 2088 人。职业构成：在职人员 6967 人，个体从业者 1238 人，无业人员 2511 人，退休人员 2135 人。

截至 2018 年，辖区共约有 1.3 万户 3.6 万余人。

民族构成

2005 年，辖区有汉族、回族、满族等四个民族，汉族约占总人口 87.5%，回族约占总人口 12%。

截至 2018 年，辖区有汉族、回族等民族。

居民生活

衣

清末，辖区内因经济条件不同，人们穿衣打扮明显不同。农民多穿土布衣服，颜色单调，以灰、蓝、黑为主，多戴帽头或帽垫。一般市民或小商小贩多穿长袍和马褂，冬穿粗布大棉袄，下穿大腰棉裤，讲究者，外罩一件大褂，冬天戴马虎帽或布缝的风帽。一些上流人物和富商、学者，多着丝绸长袍马褂，头戴毡帽（俗称礼帽）。

民国时期，中山装成为时尚，政界、学界人士多穿中山装，一般群众仍穿便服，衣料由土布逐渐改为细布，俗称平布，也叫"洋布"。

中华人民共和国成立后到20世纪70年代，男子多穿中山服、青年服，女子多穿列宁服，基本不戴首饰，服装颜色多为灰、蓝、黑、绿。衣服材质有棉布、化纤布、呢绒、毛线等，其中以购买布料自己做或到裁缝店加工为主，成衣消费较少。鞋子多为布鞋、胶鞋。

20世纪80年代，男女服装衣料盛行毛、呢、绸、缎或毛、棉、化纤混纺，棉布越来越少，各类浅色服装日益增多，蓝青色中山装、列宁服基本退出历史舞台。

20世纪90年代，辖区居民的着装观念发生了巨大变化，由追求俭朴、实惠、耐穿，转为追求舒适、美观、时尚。"缝缝补补"的"穿衣经"已被摒弃，除了追求时尚的打补丁新衣，极少有人穿补丁破衣。人们戴帽、穿鞋、着衣不再依靠自己手工制作，除小孩衣服和老人棉衣外，多是买成衣穿，或选购布料到裁缝店量身定做。

进入21世纪以来，服装的样式和颜色越来越丰富多彩，人们穿衣更加注重衣服的质地、品牌及色彩搭配，穿衣打扮讲究品位，突出个性风尚。

食

中华人民共和国成立前，辖区居民的主要粮食是高粱、红薯和小米，逢年过节才能吃上白面，在多数时间，为填饱肚子只能糠菜搭配。一般人家冬吃白菜、萝卜，夏吃黄瓜、豆角、辣椒、茄子。这里的群众有晒干菜、腌咸菜、做酱菜的习惯。每逢蔬菜采摘旺季，几乎家家户户都要晒豆角、萝卜干，加工韭花、糖蒜，制作西瓜酱、甜面酱等，以备青黄不接。这种习俗一直延续至今。管城人民有重视节日饮食的习俗。每逢过年过节，无论贫

老街记忆——衣　孙建辉　摄

老街记忆——食　孙建辉　摄

富，都要割肉包饺子，或蒸白面馍、油馍，改善生活。

中华人民共和国成立初期，粮食供应紧张，买东西要凭票，物资按家里人口限量供应。大米和白面供应有限，要搭配着粗粮来吃，副食品供应也有限，只有少量的肉和鸡蛋，花生、瓜子和水果在过年过节的时候才供应。

进入 21 世纪，人们的饮食消费观念发生变化，花在一日三餐上的时间减少，在外饮食支出的费用占饮食总支出的比重明显上升。辖区居民不但“顿顿吃得饱”，还要尽可能“顿顿吃得好”，家中来了客人，一般都会去饭店，结婚喜宴、生日聚会等一般也是在饭店里安排。讲究营养、吃出健康已成为新的饮食理念。

住

中华人民共和国成立前，城区居民多为自建房屋，条件较差，普遍拥挤。农村居民建房多为砖木结构的平房或瓦房。这些房屋多数是里生外熟（即墙的里面是土坯，外面是砖），上顶盖瓦，墙壁较厚，门窗小，室内阴暗潮湿，通风较差。

中华人民共和国成立后，辖区居住条件逐渐改善。到 20 世纪 80 年代，辖区部分居民自建二层楼房，随后，部分居民将楼房加盖至六七层楼房，住房条件有所提高，房屋流行贴瓷砖装修。

90 年代中后期，辖区进行了旧城改造及东、西大街拓宽改造工程等，建成一批花园小区、高层楼房和商务楼宇。

进入 21 世纪，住房条件和住宅式样均发生了变化，新型住宅小区成为多数人的选择，房屋各类设施、家具一应俱全，人们更注重居住环境、绿化指数、建筑风格、采光条件等各类要素，装修也成为热点。

行

中华人民共和国成立前，管城道路狭窄且多为土路，辖区道路、交通工具极其缺乏，木质独轮小推车是村民较为常见的运输工具，较为富裕者有木质马车，人们出行以步行为主。

中华人民共和国成立初期，木质小推车被胶轮架子车替代，随后脚蹬三轮车、机动三轮车逐渐成为城乡主要交通运输工具。

老街记忆——住　孙建辉　摄

老街记忆——行　孙建辉　摄

20世纪80年代，辖区城乡居民近程出行主要交通工具是自行车，城市职工上下班多乘坐公交车。90年代初，青年人赶潮流买摩托车者明显增多。1997年，管城回族区实现村村通公路，辖区居民享受到现代化道路交通的便利。90年代中后期，摩托车成为农村居民主要的出行工具；城区青年人则以电动自行车为主。

进入21世纪后，辖区加快城市道路改造，城市公交事业快速发展，公交线路不断优化和增多，增加了BRT快速公交、夜间公交，建设开通地铁，方便了城乡居民出行。同时电动助力车逐步流行，小汽车也慢慢进入普通家庭，私家车拥有量不断增加。

社会保障

救济救灾

2001—2005年，街道办事处慰问残疾人200人次，送去价值5万余元的慰问品，安排志愿者到辖区残疾人家庭义务劳动，为他们包饺子、做饭、打扫卫生、搬煤球等。

2007年，组织辖区50余名白内障患者接受了免费白内障复明手术；在全国第十七个助残日时，为辖区10余名残疾人发放了轮椅、电风扇、夏凉被等用品。

2008年，在四川汶川地震发生后，辖区举办“西大街街道抗震救灾募捐”活动和“缴特殊党费，为灾区献爱心”活动，共捐款约16万元。

2009年，在全国助残日期间，开展爱心助残募捐活动，协调辖区内5家公共单位捐款9482元，为辖区5名残疾人配备轮椅，为贫困残疾儿童家庭发放慰问品。

2010年，为青海玉树、西南旱区和甘肃舟曲等灾区筹集捐款3.8万元。

2011年，向辖区残疾人发放轮椅16辆，资助残疾学生2人，开展残疾人就业技能培训。

2012年，在全国助残日期间，为辖区残疾人发放轮椅18辆；在慈善日期间，办事处和辖区单位工作人员共捐款2万元。

2013年，开展“爱心助残”帮困活动，为辖区残疾人发放轮椅4辆。

2014年，开展“爱心助残”专项募捐助残帮困活动，为辖区残疾人发放轮椅4辆，为2名残疾学生发放助残金各500元。

2015年，全国助残日期间，向辖区10名困难残疾人发放夏凉被和慰问金。

2017 年，全国助残日期间，向辖区 25 名困难残疾发放夏凉被和慰问金。

2018 年，开展慈善助残帮困活动，共募捐 25.7 万元，救助 14 人。

低保扶贫

2004 年，辖区有 221 户 498 人享受低保，月发放低保金 51990 元。

2005 年，辖区有 216 户 478 人享受低保，共发放低保金 619020 元。建立特困职工档案，落实领导分包责任制，结成帮扶对子 30 个，发放救助金和救助物资共价值 2 万余元。

2006 年，辖区有 210 户享受低保，做到应保尽保。

2008 年，节假日期间为辖区 200 多户军烈属、低保户、残疾人、困难党员、离退休老干部赠送慰问品和慰问金。

2009 年，辖区有 247 户 498 人享受低保，累计发放低保金和补贴共 821978 元。对辖区 483 户低保、低收入等人员发放大米 2394 袋、挂面 1197 箱、油 2394 桶、床上用品 1197 套。

2010 年，辖区有 206 户 400 人享受低保，累计发放低保金和补贴共 1008775 元。低保、低收入、廉租房、经济适用房等保障覆盖面逐步扩大，帮助 7 户低保家庭办理了廉租住房实物配租，申请廉租房补助 25 户，办理经济适用房 164 户。

2011 年，辖区有 209 户 401 人享受低保，累计发放低保金和补贴共 1161482.42 元。对 179 户低保家庭进行复核认定，做到了应保尽保。为 95 户申请了廉租住房补贴，为 62

南顺城社区工作人员为困难党员送暖心饺

街道志愿者慰问困难群众

户申报经济适用住房，医疗救助 4 人。节日期间，为辖区低保户、军烈属、孤寡老人、下岗失业人员等 200 余人发放慰问物资和慰问金 4 万余元。

2012 年，辖区有 192 户 345 人享受低保，累计发放低保金和补贴 1097657.1 元。

2013 年，辖区有 154 户 235 人享受低保，累计发放低保金和补贴共 1050846.4 元。

2014 年，辖区有 141 户 207 人享受低保，累计发放低保金和补贴共 891051.2 元。

2015 年，辖区有 126 户 178 人享受低保，累计发放低保金和补贴共 844887.2 元。节日期间，为辖区低保户、军烈属、孤寡老人、下岗失业人员等群众发放慰问物资和慰问金 20 余万元。

2016 年，辖区有 117 户 163 人享受低保，累计发放低保金和补贴共 854973.2 元。

2017 年，辖区有 109 户 156 人享受低保，累计发放低保金和补贴共 857655.6 元。

2018 年，辖区有 88 户 125 人享受低保，累计发放低保金和补贴共 776868 元。为 214 户 343 人申请了公租房。

社会保险

2007 年实行城镇居民医疗保险制度，辖区做好城镇医疗保险参保工作，截至 11 月，共计登记 20408 万人，办卡 1612 户，3700 人缴纳卡费，并将采集到的人员信息全部输入微机；完成企业养老、工伤保险新增参保人数 115 人。

2008 年，城镇居民医疗保险参保 5450 人，养老保险参保 179 人。

2009 年，把医疗保险和养老保险参保工作纳入社区年度目标考核体系中，采取在办事处集中办理，社区定点办理，到居民家中上门办理，对老龄人员、残疾人员及特殊家庭人员实行专人代理的措施，扩大社会保障工作面。全年城镇居民医疗保险参保 1067 人，养老保险参保 155 人。

2010 年，扩大城镇医疗保险覆盖面，新增参保人员 787 人。

2011 年，居民医疗保险参保新增 609 人，养老保险参保新增 313 人。

2013 年，居民医疗保险参保新增 240 人，养老保险参保新增 53 人。

2015 年，居民医疗保险参保新增 276 人，养老保险参保新增 176 人。

2016 年，居民医疗保险参保新增 426 人，养老保险参保新增 243 人。

2018 年，居民医疗保险参保 16607 人，养老保险参保 842 人。

就业服务

2003 年 4 月，成立劳动保障事务所和 4 个社区劳动保障工作站，配备了专职人员，建立健全规章制度，协调就业和再就业工作。开展“迎中秋送岗位进社区”“温情帮扶社区行——路在脚下”活动，联系用人单位举办现场招聘会。协调辖区各职业介绍机构，提供各种用工信息 170 条。

是年，街道实现就业、再就业 632 人，其中下岗失业人员再就业 360 人，“4050”人员再就业 90 人，其他人员就业 182 人，办理再就业优惠证 180 人。

2004 年，街道实现就业和再就业 839 人，其中下岗失业人员再就业 560 人，“4050”人员再就业 132 人，公益性岗位就业 43 人，办理再就业优惠证 168 本。2 月，在南学街社区服务中心成立了郑州市第一家残疾人集中就业市场，共安排 26 名残疾人就业。

2005 年，街道实现就业和再就业 862 人，其中下岗失业人员再就业 724 人，“4050”人员再就业 93 人，持再就业优惠证就业 110 人，公益性岗位就业 48 人；办理再就业优惠证 252 本；帮助 12 名下岗职工申请小额贷款，实际办理 4 人，贷款额 10 万元。

2006 年，街道实现就业、再就业 66 人，办理再就业优惠证 132 本。在平等街社区设立郑州社区学习中心，对下岗失业人员进行电脑技能培训 499 人次。

平等街社区就业培训

2007 年，开发公益性就业岗位，提供就业信息，加大对“4050”人员帮扶力度，落实就业优惠政策，加强对小额贷款人员跟踪服务，街道全年实现就业、再就业 920 人。

2008 年，街道实现就业、再就业 893 人，开办“庆三八社区巾帼技能培训班”和“下岗失业人员技能培训班”。

2009 年，街道实现就业、再就业 902 人，其中下岗失业人员再就业 249 人，公益性岗位再就业 62 人，实现城镇“零就业家庭”动态为零；街道再就业培训 419 人。

2010 年，街道实现就业、再就业 1069 人，实现城镇“零就业家庭”动态为零。

2011 年，街道实现就业、再就业 991 人，实现城镇“零就业家庭”动态为零，城镇登记失业率控制在 4% 以内；办理就业失业登记证 51 本。

2012 年，通过举办“送岗位，进社区，帮您就业”招聘会、建立空岗信息库等措施，实现就业、再就业 1057 人，实现城镇“零就业家庭”动态为零，城镇登记失业率在 4% 以内。

2013 年，通过举办“送岗位，进社区，帮您就业”招聘会、建立空岗信息库等措施，实现就业、再就业 1028 人，其中下岗失业人员再就业 368 人。

2014 年，实现就业、再就业 1487 人，其中下岗失业人员再就业 491 人，实现城镇“零就业家庭”动态为零，城镇登记失业率控制在 4% 以内。再就业培训 280 人，创业培训 56 人。办理就业失业登记证 192 本，其中就业证 157 本，失业证 35 本。

2015 年，通过举办“送岗位，进社区，帮您就业”招聘会、建立空岗信息库等措施，实现就业、再就业 5716 人，实现城镇“零就业家庭”动态为零，城镇登记失业率在 4% 以内。再就业培训 266 人，创业培训 52 人。组织下岗失业人员参加电脑、厨师、家政等职业技能培训。

2016 年，实现就业、再就业 1505 人，新增用工单位 69 家。

2017 年，当年至 10 月底，实现就业、再就业 1554 人，其中下岗失业人员再就业 582 人，再就业培训 340 人。

2018 年，实现就业、再就业 904 人，再就业技能培训 123 人，创办改善企业培训 40 人，办理就业创业证 141 人，失业率在 4% 以内。

离退休管理

2003 年，登记区属企业离退休人员 216 人，其他离退休人员 1681 人。

2004 年，对离退休人员进行调查登记，建立数据库，共纳入社会化管理 2576 人。

西大街党群服务中心重阳节百家宴

2006 年，对辖区企业退休人员开展全面调查问卷工作，共认证和输入微机人员 1437 人；向辖区 2298 位企业退休人员发放社会化管理服务联系卡。

2010 年，为辖区 1672 名企业离退休人员提供各种帮扶服务，慰问离退休特困人员 43 人次。

2012 年，春节、中秋节、重阳节等节日期间慰问离退休特困人员 78 人次。

2013 年，春节、中秋节、重阳节等节日期间慰问离退休特困人员 76 人次。

2014 年，辖区共有离退休人员 1991 人。春节、中秋节、重阳节等节日期间慰问离退休人员 46 人次。

2015 年，春节、中秋节、重阳节等节日期间慰问离退休人员 53 人次。

2016 年，辖区企业离退休人员共有 2141 人。春节、中秋节、重阳节等节日期间慰问离退休人员 48 人次。

2017 年，春节、中秋节、重阳节等节日期间慰问离退休人员 59 人次。

2018 年，辖区企业离退休人员共有 2215 人。

党建政事

街道党（工）委

2000 年 4 月，西大街街道党（工）委成立，下辖 5 个社区党支部和 1 个流动党支部，党员 131 人。2000 年 6 月初，辖区 14 个居委会全部建立了党支部。2000 年 10 月，成立平等街社区党支部，党员 86 名。

2001 年 2 月，成立南顺城街社区党支部、南乾元社区党支部、市三院社区党支部。

2003 年 5 月，街道党工委提出了“抓学习，强素质，促进社区工作全面发展”的目标，以南顺城社区为试点，初步建成学习型社区，在社区内形成了“党员带头学、群众比着学、大家共同学”的学习氛围。

2004 年，街道党工委开展了保持共产党员先进性教育活动，组织机关和社区党员学习《中国共产党内监督条例（试行）》和《中国共产党纪律处分条例》。

2005 年 3—6 月，街道党工委在直属 7 个支部 109 名党员中，开展第二批保持共产党员先进性教育活动。

迎七一西大街街道办事处“社区网事”系列活动

2006年，新发展党员12名，转正预备党员10名。西大街街道和2个社区被评为郑州市先进基层党组织，5名党员获得“优秀党务工作者”和“优秀共产党员”称号。

2007年，新发展党员13名，转正预备党员12名；新组建和发展非公企业党组织2个：河南瑞贝卡大酒店有限公司党支部和郑州恒源医药有限公司党支部。在全市“七一”基层党建表彰会上，平等街社区被评为“社区党建先进社区”和“社区党建示范社区”，市三院社区被评为“社区党建先进社区”。

2008年，开展主题鲜明、丰富多彩、卓有成效的特色社区创建活动；组织开展党员志愿者服务、党员结对帮困、流动党员温暖行动等系列活动；在党员干部中开展“讲党性、重品行、作表率”主题教育活动。

2009年，完成社区“两委”换届工作，在党员干部中开展“讲党性、重品行、作表率”主题教育活动，开展廉政文化“六进”活动。

2010年，组织“赴新县革命老区接受传统革命教育”、党员志愿服务和党员联系承诺活动，机关80余名党员干部职工与辖区160多名困难户结成帮扶对子，多次开展践诺慰问活动。成立了由辖区6家单位党组织为成员的街道综合党委。在市、区“七一”党建

平等街社区党员集中日活动

工作表彰会上，平等街社区被评为市级“五好”社区党组织，南顺城社区、市三院社区被评为区级“五好”社区党组织。

2011 年，组织开展庆祝建党 90 周年暨“创先争优”活动、以“红色记忆”为主题的党建系列活动；建立了“党员领导干部联系社区、企业制度”和“双承诺双联系制度”。

2012 年，5 个社区顺利完成社区党组织换届选举工作，选举产生党总支（支部）委员 17 名。开展“进百家门、见百家人、解百家难”活动，街道党员干部职工与困难群众结对帮扶，解决困难群众生产生活问题。举行“我为党旗添光彩”演讲比赛、“七一”表彰大会等庆祝建党 91 周年系列活动。新组建郑州温州商会党委、郑州民众教育信息咨询有限公司党支部、郑州雅盛化妆品销售有限公司党支部、河南金尊置业有限公司党支部等非公党组织。

2014 年，组织开展“党工委书记讲党课”“为了谁、依靠谁、我是谁”讨论、“进百家门、见百家人、解百家难”等活动。

2015 年，平等街社区被评为“管城回族区创先争优活动先进社区党组织”，平等街社区党总支、华亿社区党支部被评为“管城回族区先进社区党组织”。

2016 年，新成立 2 个非公党组织，配备 5 名党务工作者，开展业务培训 2 次；发挥西大街便民服务中心阵地作用，开展“在职党员进社区义务清扫”“百姓大舞台”等党员活动。

2017 年，建立“一核五副双十”党群服务网络，即以西大街党群服务中心为核心、带动 5 个社区党群服务中心、发挥 10 个非公党组织和 10 个驻街单位党组织力量，进一步扩大服务范围、丰富活动内容、凝聚群众力量。召开街道区域党委联席会议，联合开展“健康义诊”“消防知识进家庭”“文明城市宣传日”等集中服务活动。开展在职党员进社区、困难党员慰问、党员先锋岗争创、“不忘初心颂党恩”庆祝建党 96 周年等活动。10 月 11 日，全省基层党建工作观摩会在西大街党群服务中心开展。

2018 年，组织全体党员参加党建知识“每日一学每日一测”活动，组织党务工作者和各支部书记进行“练兵驿站”测试；依托“西大街党群服务中心”阵地优势，在每个社区打造一支文艺队伍，举办“一路有爱，志愿同行”道德讲堂、“英雄激励我成长”“向上向善，不负少年”等群众文化活动；各支部先后开展“新时代新征程、党员志愿我先行”“读经典、学理论、强党性”等“党员活动日”活动等。

街道办事处

2000年4月3日，西大街街道办事处挂牌成立。西大街街道办事处是管城回族区人民政府的派出机构，隶属于郑州市管城回族区政府。机关办公地址位于管城回族区维新街4号。

办事处依据法律、法规、规章的授权和区政府的委托，行使相应的政府管理职能，其主要职责有：贯彻执行上级党委、政府的指示，结合本办实际制定具体的落实措施；开展社会治安综合治理，创建安全文明社区；负责辖区计划生育管理工作；加强社区建设，开展社区服务，兴办公益事业；做好社会救助和社会保障工作；开展拥军优属、扶贫助残工作；发展街道经济，加强企业管理；抓好城市管理，改善社区环境；加强基层政权建设，帮助和指导居委会开展工作等。

人大工委、政协工委

人大工委 2000年成立西大街街道人大工作委员会（简称“街道人大工委”），为区人大常委会的派出机构。街道人大工委负责组织辖区人大代表参加中原区人民代表大会，在区人大会议闭会期间，组织代表行使权利、发挥作用，履行人民代表的职责和义务。

政协工委 2005年成立西大街街道政协工作委员会（简称“街道政协工委”），负责组织辖区政协委员参加区政协会议，开展调研、视察、建言献策等活动。每季度组织政协委员集中学习一次，强化政协委员的政治理论素质，增强使命感和责任感，提高参政议政能力。

群团组织

工　会 2000年4月，西大街街道工会成立，在街道党（工）委的领导和上级主管部门的支持下，贯彻国家有关工会工作的方针、政策、规章、制度，结合下属企业自身实际情况，采取措施，发挥基层工会的作用，促进工会工作开展，维护职工合法权益。

2000年6月8日，召开西大街办事处工会会员大会，选举产生了西大街办事处工会委员会、经费委员会。

2001年7月20日，成立西大街办事处新建企业组建工会工作领导小组，领导小组下设办公室。

2002年，在辖区新建企业成立12个工会组织，工会会员达1500余人。

2002年“五一”前夕，办事处工会组织职工参加区里举办的健身秧歌操比赛，取得全区第一名；“八一”前夕，办事处工会与军民共建单位和辖区派出所举办了“军、警、民”联欢晚会，社区居民也即兴表演了许多节目。

截至2018年，辖区有30个工会组织，工会会员达1000人。

共青团 2000年4月，设立共青团西大街街道办事处支部，有团员2名。至2018年，辖区有团员2500余人。

西大街街道团委按照团中央关于加强社区共青团工作的有关精神，结合辖区地处老城区的实际情况，紧扣青少年教育的新形式、新特点，确立了“党建带团建，活动促团建”的工作思路，充分发挥共青团组织的作用，在所辖5个社区成立了社区团支部、流动团员登记处、青年志愿者服务站、青年工作委员会、青年志愿者活动基地、少先大队、雏鹰俱乐部等组织；逐步制定完善了有关规章制度，如《社区青年委员会工作职责》《团支部工作职责》《大队辅导员职责》等；创造了以街道团委为中心的社区团支部、社区青年工作委员会、社区少先大队等新的组织形式，形成社区共青团组织网络。

妇　联 2000年4月，成立西大街街道妇女工作委员会（简称“街道妇委会”）。2002年，在4个社区分别成立妇女工作委员会，配备专职社区妇委会主任，建立健全《社区妇委会职责》《妇委会工作制度》等各项制度，把社区妇女工作纳入社区整体工作规划，使妇女工作在内容、目标、步骤上与社区整体工作相协调；加强与辖区公共单位妇女组织负责人的联系和协调，定期召开公共单位妇女干部会议，为开展妇女工作奠定组织基础。

2003—2018年西大街街道获得的部分荣誉

奖项	发奖单位	年份
郑州市拥军优属模范单位	中共郑州市委、郑州市人民政府	2004
郑州市共青文明示范路（街）	中共郑州市委宣传部、共青团郑州市委员会	2004
郑州市妇女儿童工作先进集体	郑州市妇联	2004
郑州市争创全国文明城市工作先进集体	郑州市文明办	2005
人民满意公务员集体创建工作优秀单位	中共郑州市委、郑州市人民政府	2009
郑州市“三八”红旗集体	郑州市人事局	2009
郑州市总工会关于表彰“五五”普法工作先进单位	郑州市总工会	2010
郑州市女职工工作示范单位	郑州市总工会	2011
郑州市五一劳动奖状	郑州市总工会	2011
郑州市职业道德建设十佳单位	郑州市总工会	2011
省会郑州创建全国文明城市先进集体	郑州市委办公厅	2012
郑州市职工（代表）大会工作先进单位	郑州市总工会	2012
管城区安全生产、消防安全网格化管理先进单位	管城回族区政府	2012
管城区环境卫生管理工作先进单位	管城回族区政府	2012
郑州市三八红旗手	郑州市人力资源和社会保障局办公室	2013
残疾人工作先进乡镇（街道）	郑州市残联	2014
全省助残先进集体	河南省残联	2015
河南省人民满意公务员示范单位和人民满意公务员示范岗创建活动先进单位	河南省人社厅	2015
郑州市“坚持依靠群众推进工作落实”长效机制工作先进单位	中共郑州市委、郑州市人民政府	2015
省级文明单位	中共河南省委、河南省人民政府	2016
全省先进基层党校	河南省宣传部	2016
先进基层党组织	中共郑州市委	2016
郑州市城市管理工作先进单位	中共郑州市委、郑州市人民政府	2016
郑州市2015年度先进基层党校	郑州市委宣传部	2016
新型城镇化工作先进乡（镇）街道	中共郑州市委、郑州市人民政府	2017

基础设施

中华人民共和国成立初期，辖区基础设施差、房屋老化严重、道路设施破旧。20世纪50年代以后，辖区道路建设加快，经过不断升级改造，西大街、南大街、南顺城街、城南路等主要道路路况得到了较大改善。与此同时，辖区集中供水、供气、供暖等配套设施逐渐普及，方便了辖区居民生活。

为改变城市面貌，办事处将市容环境整治作为一项重点工作，通过开展人居环境改善、创建国家卫生城市和全国文明城市、商都历史文化区建设、城市精细化管理、辖区绿化美化、老旧小区改造等工作，居民群众的生产生活环境发生较大改观。

街道建筑

银座国际 位于西大街138号，是一栋商住综合楼，建筑面积22083平方米，入驻企业96家，其中商务楼内88家，沿街门面8家。

西大街企业中心 位于西大街196号，是一栋商务楼，建筑面积8000平方米，入驻企业21家，其中商务楼内19家，沿街门面2家。

金誉商务 位于西大街167号，是一栋商务楼，建筑面积8224平方米，入驻企业15家，其中商务楼内11家，沿街门面4家。

时代华庭 位于西大街229号，是一栋商住综合楼，建筑面积15300平方米，入驻企业31家，其中商务楼内27家，沿街门面4家。

金鼎华府 位于西大街88号，是一栋商住综合楼，建筑面积16000平方米，入驻企业19家，其中商务楼内13家，沿街门面6家。

日月星城 位于西大街238号，是一栋商住综合楼，建筑面积38000平方米，入驻企业34家，其中商务楼内30家，沿街门面4家。

银座国际

金鼎华府

日月星城

现代星苑 位于西大街126号，是一栋商住综合楼，建筑面积14438平方米，入驻企业31家，其中商务楼内26家，沿街门面5家。

瑞贝卡大厦 位于西大街198号，是一栋商住综合楼，建筑面积17757平方米，1～7层为瑞贝卡大酒店，8层以上入驻企业26家。

现代星苑

瑞贝卡大厦

市政设施

城市道路

西大街街道办事处因地处老城区，城区形成较早，主次干道少，背街小巷多，路面主要以沥青柏油路面为主。主干道有西大街，次干道有南大街、南顺城街等。

2004 年，街道对平等街、刘家胡同、砖牌坊街、维新街等 8000 多平方米路面进行了修复、硬化和绿化。

2005 年，对砖牌坊街、刘家胡同等 20 多条背街小巷的破损路面进行复浇和整修。

2015 年，街道对背街小巷进行平整。

2017 年，街道修复小区内破损路面 2300 余平方米。

西大街 西大街位于郑州老城区西部，东西走向，西起二七广场，东至南大街。辖区段为东起管城街南口大十字街，西至北下街口，全长 686 米、宽 45 米。

西大街

1913年，郑县城工局组成马路工程局，修建西大街。据1916年《郑县志》记载，从大十街至西门为西大街，原名里仁街。西门至北下街为西门大街，再往西为西郭门大街。西门大街和西郭门大街又合称西关大街。

1928年3月，冯玉祥主豫时改名中山西街。

中华人民共和国成立后，中山西街更名为西大街，郑州市人民政府把城市建设放到了突出的位置，对西大街道路进行了铺装。

1950年，修建混凝土路面，路面结构总厚20厘米。其中西大街长493米、宽9米，西关大街长408米、宽10米。

"文化大革命"期间，西大街改名为解放中路。1978年恢复西大街名称。

1980年8月19日，西大街摊铺沥青混凝土1.5厘米。

1994年，郑州市政府对西大街路段进行拆迁改造。

1998年，郑州市政府对西大街进行沥青混凝土面层铺筑。

2000年，郑州市政府对西大街进行改造，改造后道路红线35米宽，其中车行道22米，人行道6.5米。

21世纪初，政府对西大街进一步拓宽改建。

南大街 南大街北起东、西大街，南至城南路，长约564米、宽25米，全段位于西大街辖区内。因其在隋代管城县县衙之南，故名。

南大街是郑州市内的一条老街道，原名咸宁街、南咸宁街，民间习惯叫南街或南大街。由于这道街上古槐树多，当地居民也称槐树街。

1927年，冯玉祥主豫时改名为中山南街。1948年郑州解放，命名为南大街，后该道路改建为柏油路面。

"文化大革命"期间，曾改名向阳路、向阳南路。

1979年，改名为向阳中路，从1983年起复名南大街。

2003年，南大街进行拓宽改造。

2008年，南大街进行道路整治工作。

南顺城街 南顺城街南起城南路，北至西大街，全长313米、宽25米，全段位于西大街辖区内。

20世纪30年代，冯玉祥驻郑州做河南督军时，拆除西城墙，填平城壕，修建道路，因道路位于原西城门以北，取名北顺城街；这条街南口过西大街，再向南延伸至城南路，

南大街 马健 摄

南顺城街 马健 摄

称为南顺城街。

20 世纪 50 年代，实施行道树栽植，完成绿化。

2002 年，街道完成给水、雨水、污水、电力、热力、燃气等管线配套建设工作。

2003 年，街道实施改造工程。

2004 年，街道完成路灯建设改造。

2012 年，拆除南顺城街沿街各类违法建设，将顺城街打造成民族特色餐饮一条街。

截至 2018 年，南顺城街两侧多为饭店、美容美发用品商店和物流集合点。

城南路 城南路东起城东路，西至南顺城街。辖区路段东起南大街，西至南顺城街，长 658 米，宽 30 米。

城南路原为老城外南城壕，中华人民共和国成立后，原来的城壕旧址被修成了平坦的马路。当时称南城马路，西起南顺城街，东至南关街，柏油路面。

1986 年，南城马路向东修至城东路，整条路被扩宽、绿化、铺成平坦的柏油马路，统称为城南路。

1992—1995 年，城南路人行道硬化铺装。

1993 年，郑州市政府对城南路进行综合整治。

城南路

2001 年，城南路（南顺城街—紫荆山路）完成路灯安装并亮灯。

2014 年，城南路升级改造。

2015 年，城南路提升为城市次干路，道路红线宽度统一拓宽为 30 米，其中 20 米为车行道，双向四车道，两侧各有 1.5 米的非机动车道和 3.5 米的人行道。

截至 2018 年，城南路两侧多为临街商户、超市和住宅小区等。

西大街办事处辖区主要街（路）一览表 单位：米

道路名称	辖区起点	辖区终点	宽	长
西大街	东起管城街	西至北下街口	45	686
南大街	北起东西大街	南至城南路	25	564
城南路	东起南大街	西至南顺城街	658	30
南顺城街	南起城南路	北至西大街	25	313
南学街	东起三道胡同	西至小西门南拐	6.3	308
平等街	南起南学街	北至西大街	10.5	222
砖牌坊街	东起平等街	西至西门南拐（2016 年 9 月已拆迁）	3.5	500
前阜民里	东起后里南北街	西至菜市街 100 号	5.2	285
熊耳桥西街	东起南关桥头	西后里南北街	8.4	327
维新街	北起西大街	南至菜市场街	5	468
刘家胡同	南起砖牌坊街	北至维新街	3.3	100
后阜民里	西北起菜市街	东南至熊耳桥西街	3.6	308
弓背街	南起菜市街	北至大同路	6	500
菜市街	东起城南路	西至钱塘街	15	500
华丰里	南起菜市街	北至上元街交叉口	3	300

城市桥涵

熊耳河桥 熊耳河桥位于南关街，横跨在熊耳河上，原为单孔石桥，始建于宋元时期。清代乾隆三年（1738 年）知州张钺重修。乾隆十年（1745 年）再次重修，桥长 34 米、宽 6.83 米，桥孔为一伏一券式，用大方石排列砌造。1978 年以后，南关街拓宽改造，熊耳河桥面也随着路面一起加宽，因老桥难以满足路面宽度要求，设计人员在老桥的东面紧贴着以前的桥墩增加了 3 个石桥墩。

熊耳河桥　马健　摄

途经辖区部分公交线路一览表

路线	起止终点	途经辖区道路	辖区站牌
35 路	医学院经至开第八大街公交站	西大街	西大街管城街站、西大街顺城街站
60 路	赵坡新村至郑州东站	西大街	西大街管城街站、西大街顺城街站
78 路	城南路紫荆山路至森林湖公交站	西大街、南大街、城南路	西大街管城街站、西大街顺城街站
85 路	火车站至郑州高铁长途汽车枢纽站	西大街、南顺城街	西大街管城街站、西大街南顺城街站
Y5 路	火车站北港湾至郑州东站	西大街	西大街管城街站、西大街顺城街站
Y12 路	火车站北港湾至经开第八大街站	西大街	西大街管城街站、西大街顺城街站
89 路	民主路北京华联至通站路公交站	西大街	西大街管城街站
518 路	民主路北京华联至姚庄公交站	西大街、南大街、城南路	管城街西大街站、南大街西大街站、南大街城南路站
206 路	会展中心至火车站南港湾	城南路	市三院站、城南路南关街站
Y51 路	郑庵西至市三院	城南路	市三院站、城南路南关街站
38 路	姚庄公交站至火车站	城南路	市三院站、城南路南关街站
136 路	百荣世贸商城至火车站	城南路	市三院站、城南路南关街站
567 路	龙湖机电学院至火车站	城南路	市三院站、城南路南关街站
98 路	琉璃寺新村至福寿街大同路	西大街、南顺城街、大同路	南顺城街西大街站、南顺城街大同路站

城市排水

中华人民共和国成立前，辖区自然排水主要靠熊耳河渲泄，排水工程仅有为数不多的砖砌下水道，且年久失修，失去排水能力。

中华人民共和国成立后，辖区排水设施不断完善，地下排水管道纵横交错，形成较完整的排水系统。

1988 年 5 月，东西大街污水干管工程实施，总投资 410 万元，12 月竣工，设计流量 735 ~ 1173 升 / 秒，汇水面积 8 平方千米。工程投入使用后，对辖区及周边一带的污水排放，夏季防洪排涝等发挥了重要作用。

1990 年，东、西大街地下排污管道全长 2820.56 米，流量为 735 ~ 1173 升 / 秒，汇水面积 8 平方千米。

公用设施

公共交通

公　交　途经辖区的公交有35路、60路、78路、85路、Y5路、Y12路、89路、518路、206路、Y51路、38路、136路、567路、98路等多条路线。

地　铁　正在建设中的地铁3号一期工程线经过辖区，辖区设有西大街站，预计2020年12月底通车试运营。

供　水

中华人民共和国成立初期，辖区居民用水来源主要为井水。20世纪50年代以后，辖区居民用水来源为郑州市自来水厂统一供应的自来水。

正在建设中的地铁3号线

供 气

20 世纪 80 年代前，辖区居民主要用散煤、型煤或薪柴做饭。80 年代后，辖区居民开始使用灌装液化石油气。90 年代后，天然气使用逐渐普及。

供 热

20 世纪 80 年代前，辖区居民主要用燃灶或者煤炉取暖。2000 年后，西大街 85 号富春公寓开始集中供暖，市三院家属院由单位提供供暖。2017 年西大街工行家属院进行集中供暖改造，2018 年开始使用。

园林绿化

2000 年以前，西大街行道树以国槐为主。2000 年后，经过改造的西大街，行道树以棕榈树和广玉兰为主，配以形式各样的花坛、草坪等绿色空间，四季绿色常驻。

2000 年 10 月，种植草坪 800 多平方米。

2004 年，种植草坪 1400 多平方米，建成平等街社区小游园。

2005 年，辖区加大绿化力度，栽植月季、乔木、垂直绿化植物等万余株。

平等街社区小游园　马健　摄

南顺城街微景观　马健　摄

大同路行道绿化

环卫设施

2000 年，办事处新增保洁车 15 辆。

2003 年，对辖区 4 处旱厕进行改造。

2007 年，辖区主要道路垃圾箱更换成分类垃圾箱。

2014 年，对辖区楼院垃圾道进行封闭，实行垃圾桶收集垃圾。

2017 年，辖区购置配备垃圾清理车 5 台，垃圾箱 230 个，发放清扫保洁工具 280 套，投放捕蝇笼 260 个。

2018 年，辖区配备垃圾箱 200 余个，发放清扫保洁工具 360 套，投放捕蝇笼 800 个。

社区垃圾分类

郑州商城遗址（西大街辖区）

郑州商代遗址是郑州商都历史文化区内的重要人文景观之一。

郑州商城位于郑州商代遗址的中部，是一座商代前期都城遗址，距今已有3600年的历史，是商王汤所建的“亳都”。1961年3月4日，国务院公布郑州商代遗址为全国重点文物保护单位。基于郑州商城的地位和重要性，1974年郑州被国务院公布为国家历史文化名城，2004年被中国古都协会认定为中国八大古都之一，并成功加入世界历史都市联盟。

辖区内西大街—西南城角—南大街段，有长约930米的商代城墙。1996年，在辖区南顺城街青铜窖藏坑出土了丰富的商代王室重器，主要包括一组共12件青铜器。

商城内城（西大街辖区）

商城内城在辖区内西大街—西南城角—南大街段有一段商代城墙，长约 930 米。

商城内城近似长方形，北城墙有拐折，东端位于顺河路与城东路交叉口西南，西北至紫荆山公园西门，再向西沿金水路南侧延伸至杜岭街北端东侧缓折向南，全长 1690 米；西城墙从杜岭街北端东侧接北城墙，向南穿越人民路，再向南沿北顺城街和南顺城街东侧，至南顺城街南端与南城墙相接，长约 1700 米；南城墙始于南顺城街南端与城南路交叉口东北侧，沿城南路北侧东向延伸，穿越紫荆山路，至城东路熊耳河西侧，全长约 1870 米；东城墙从城南路东端向北穿越东大街、商城路、东里路，至顺河路南侧与北城墙相接，全长约 1870 米。其中，东城墙和南城墙保存状况较好，现今仍大多立于地面之上，尤以东南城角保存最好。考古工作者曾在内城城墙上发现 11 个宽窄不同的缺口，有的应与商代城门有关。城墙底宽 20~30 米，顶宽 5 米多，复原后高约 10 米。

郑州商城内城垣采取版筑法分段分层夯筑而成，每段长约 3.8 米，每层夯土厚 8 ~ 10 厘米。每层夯土面上，布满密集的圆形尖底或圜底夯窝，使用集束圆木棍作为夯具夯打而成。夯窝直径 2~4 厘米，深 1~2 厘米。

城垣的横断面呈梯形，中间层层平夯，作为城垣的主体，被称为“主城墙”；两侧为夯土倾斜面，被称为“护城坡”。墙内侧比外侧坡缓。在平夯和斜面接缝处保存着近于平直的版筑壁面，壁面上遗留有横列木板的痕迹，木板长 2.5~3.3 米，宽 0.15~0.3 米。这种倾斜面夯筑结构应是加固城墙的措施。

南顺城街青铜器窖藏坑

南顺城街青铜器窖藏坑位于西大街以南，南顺城街以西，西邻省武警总队招待所，南为居民区，东距郑州商城西墙南段外侧约 50 余米，向西 700 余米为外郭城城墙。

1996 年 2 月 6 日，郑州市中实房地产开发公司在南顺城街南段西侧的民族食街 1 号楼工地施工过程中，发现了该青铜器窖藏坑。河南省文物考古研究所和郑州市文物考古研究所联合对青铜器窖藏坑进行了发掘。

窖藏坑位于郑州商城西城墙南段以外约 50 米处，护城壕以西的河旁台地上。原是一处废弃的水井，在埋藏青铜器时，对坑壁略作修整后，便将青铜器埋入。青铜器依大

商城遗址西大街段

南顺城街青铜器窖藏坑发掘现场

南顺城窖藏青铜器

南顺城窖藏青铜器——
饕餮乳丁纹铜方鼎

南顺城窖藏青铜器——
乳丁纹铜方鼎

南顺城窖藏青铜器——
饕餮乳丁纹铜方鼎

南顺城窖藏青铜器——饕餮纹铜斝

南顺城窖藏青铜器——饕餮纹铜爵

小套装在一起，放在一个木质的箱子内，埋藏在坑内。这组青铜器共 12 件，即方鼎 4 件、斝 2 件、爵 2 件、簋 1 件、戈 2 件、钺 1 件。方鼎均口部朝上放置在坑的北部偏西侧距坑底 0.8 米处。1 号方鼎居中，2 号方鼎套放在 1 号鼎腹内，3 号、4 号方鼎则紧贴靠在 1 号鼎的左右两侧。斝、爵、戈、钺均置于 2 号鼎腹内，铜簋则倒扣在 2 号鼎的口部之上。由于坑壁垮塌或填土挤压，青铜方鼎出土时已变形受损。这组青铜器物均为礼器，有食器、酒器和兵器等几种。从出土青铜器的地层发现的朱砂层分析，在埋藏铜器时应举行了一定的祭祀仪式。

南顺城街青铜窖藏坑出土了丰富的商代王室重器，同时在井底也出土了一些原来汲水掉落井内的陶器，为探讨郑州商城的铜器和陶器分期提供了新的资料。

窖藏坑出土的这些青铜器是我国目前所发现的商代前期青铜器中罕见的重器，其造型大方，制作精致，花纹朴实，反映出在3000多年前的商代前期，我们的祖先在青铜器铸造工艺方面高度创造的智慧。

郑州商城维修与保护

作为中国早期文明史和世界早期文明史上为数不多的大型城市遗址，以老城墙为代表的郑州商代遗址巨大的历史文化价值为世人瞩目。

国家文物局一直十分关注郑州商代遗址及老城墙的保护工作。1961年3月4日，郑州商代遗址被国务院公布为第一批全国重点文物保护单位，“十一五”期间郑州商代遗址被列入全国重点保护的100处大遗址中。

1984年，成立郑州市商城遗址保护管理所。

1993年，先后对非法占压东、南城垣遗址本体和保护范围内的违章建筑进行了拆迁。

1995年9月，由郑州市人民政府编制《郑州商代遗址保护规划》，对商城进行保护，建成了8个绿化景区。

2000年，颁布《郑州商城遗址保护管理规定》。

2004年，委托清华大学编制《郑州商代都城遗址总体保护规划》，2008年上报国家文物局获得批准。为了使城墙本体的保护更加科学，又委托中国文化遗产研究院编制了《郑州商代都城城墙墙体保护方案》。在此基础上，为了彻底解决郑州商代遗址较大范围的保护问题，再次委托清华大学编制《郑州商代都城国家考古遗址公园建设规划》，并提出要以考古遗址公园建设为契机，带动周边40平方千米棚户区、都市村庄、仓储工厂区的地块改造，建设新商都组团，让商城真正成为郑州文化的一张亮丽名片，让周围群众切实分享文化遗产保护的成果。

2008年、2009年，经郑州市发展和改革委员会批复，郑州市文物考古研究院、郑州商都遗址博物院项目立项。项目位于郑州商代都城遗址范围内，紧邻东、南城垣内侧，北至东大街、西至塔湾路，建筑内容主要包括郑州市商都遗址博物院、郑州市文物考古研究院和共享区域三大功能区。

2016年8月27日，商都历史文化区建设启动。商都历史文化区以全国重点文物保护单位郑州商城为核心，位于郑州市中心城区，规划范围为二七路、德化街、钱塘路、陇海东路、城东路、金水路围合区域，面积约6平方千米。重点规划范围为2.99平方千米，即顺城街以东、熊耳河以北、城东路以西、管城后街—城北路以南围合区域。

商都历史文化区，以商文化为特色，以文化产业为支撑，通过充分挖掘保护、展示利用，唤醒沉睡的历史文化元素，将其打造成为集历史、文化、创意、艺术、科技等元素于一体的世界商都文化创意旅游示范区、郑州市的“城市名片”和“城市会客厅”，主要规划业态涵盖文化旅游、创意休闲、历史博览、现代服务业和生活服务业。

商都历史文化区项目在辖区内主要有夕阳楼片区。

夕阳楼遗址

夕阳楼为中国古代名楼之一。千百年来，夕阳楼历尽沧桑，几经兴废，无数文人墨客登高望远、凭吊怀古。唐代诗人李商隐曾登楼赋诗，楼以诗而闻名，诗以楼而传诵，成为历久弥新的城市风景。

唐太和七年（833年），著名诗人李商隐客寓郑州，曾登楼赋诗：“花明柳暗绕天愁，上尽重城更上楼。欲问孤鸿向何处，不知身世自悠悠。”这首《夕阳楼》歌咏的就是郑州历史名胜夕阳楼。相传，李商隐晚年生活在郑州，住址就在今西大街一带。

夕阳楼始建年代已不可考，但据史志文献记载，可知夕阳楼在郑州老城西南角城墙上。

古夕阳楼是郑州登高胜地，登楼远眺，鸟瞰全城，南观梅峰，北望邙山，故历代文人墨客多赋诗凭吊。

宋代诗人晁说之有诗曰：“日月争流泪亦流，几年不见夕阳楼。太平时节古来少，却上迷楼一望休。”该诗序提到“郑州古有夕阳楼，自唐末兵火后遂废”。

明代夕阳楼依然废败，冯振《郑州怀古》诗云：“管叔东封土一丘，不知何代却为州。大夫庙古人犹祭，仆射陂颓水漫流。草满荒郊裴相冢，烟迷故址夕阳楼。嗟余好古生来晚，在在名邦细访求。”

清顺治十五年（1641年），著名诗人王士祯赋诗《过郑州》再次提及夕阳楼美景：“野塘菡萏正新秋，红藕香中过郑州。仆射陂头疏雨歇，夕阳山映夕阳楼。”清康熙三十二年（1693年）《郑州志》记：“夕阳楼在州治西，有唐李商隐诗刻石，今废。”

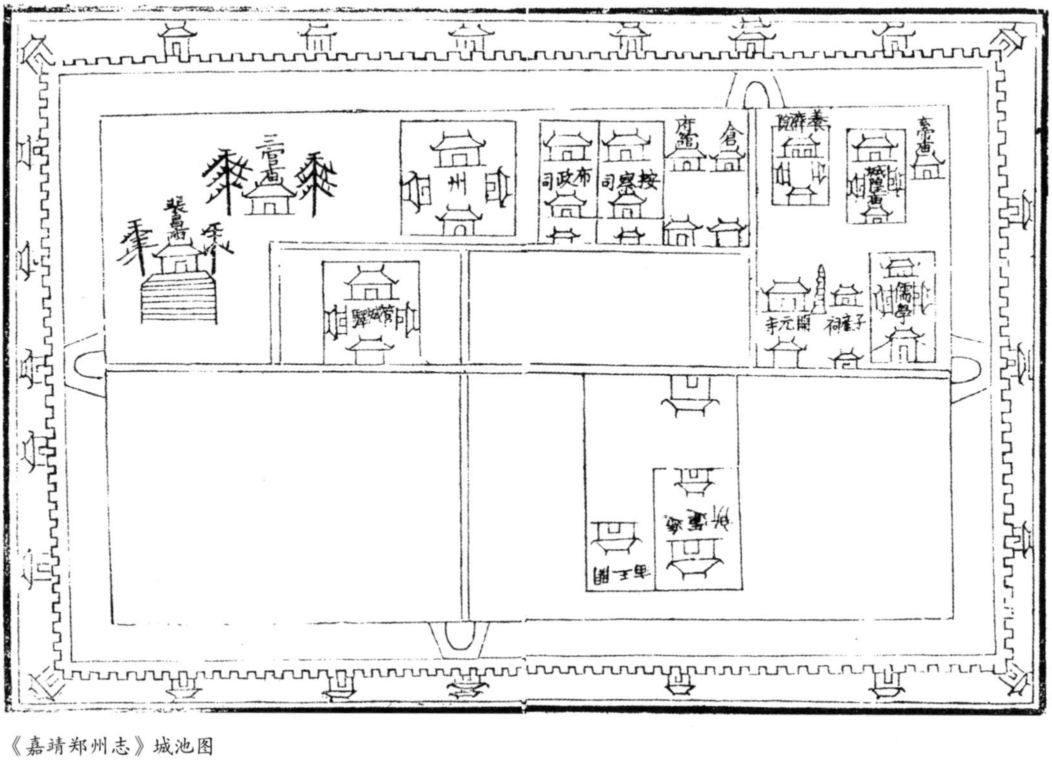

《嘉靖郑州志》城池图

平等街社区墙绘——夕阳楼 马健 摄

清道光十八年(1838年),郑州知州王宪重修夕阳楼,作《管城留别》诗四首,其中有“记取他年鸿爪印,系情多在夕阳楼”诗句。其诗后自注云:“州城西南隅,旧有夕阳楼一座,日久倾塌,余捐资重修,悬有匾额。”

晚清诗人司星聚在《西城烟柳》一诗中描写了登临夕阳楼所看到的美丽景色:“烟光绕树树连城,郁郁葱葱一带横。暗杂晨炊飘断续,浓遮午日失阴晴。林端隐堞高笼雉,叶底如簧细哢莺。偶向夕阳楼上坐,喜看图画听人声。”

2008年12月9日,在郑州商城遗址城垣西南角,正在施工的工人在一棵石榴树下,意外发现了一块刻有文字的半截石碑。碑刻用青石雕凿,已残,残碑高0.83米,宽0.56米,厚0.14米,仅有“阳楼”二字清晰可见。石碑的另一面,四周刻有缠枝花卉,中间字迹模糊不清。经文物专家推断,这块半截石碑应为郑州古夕阳楼石刻。

夕阳楼残碑

夕阳楼遗址公园效果图

古街老巷

古老街巷是社会历史的“活化石”，它们经历了沧桑，见证了荣耀，飘着柴米油盐的烟火气，系着街头巷尾的人情味，留住了这座城市的旧时记忆。这些街巷，有些湮没于日新月异的街巷改造和马路拓宽的洪流中，被新地标所取代，也有些在街区建设中焕发新的生机，记录着新时代发展进步的足音。

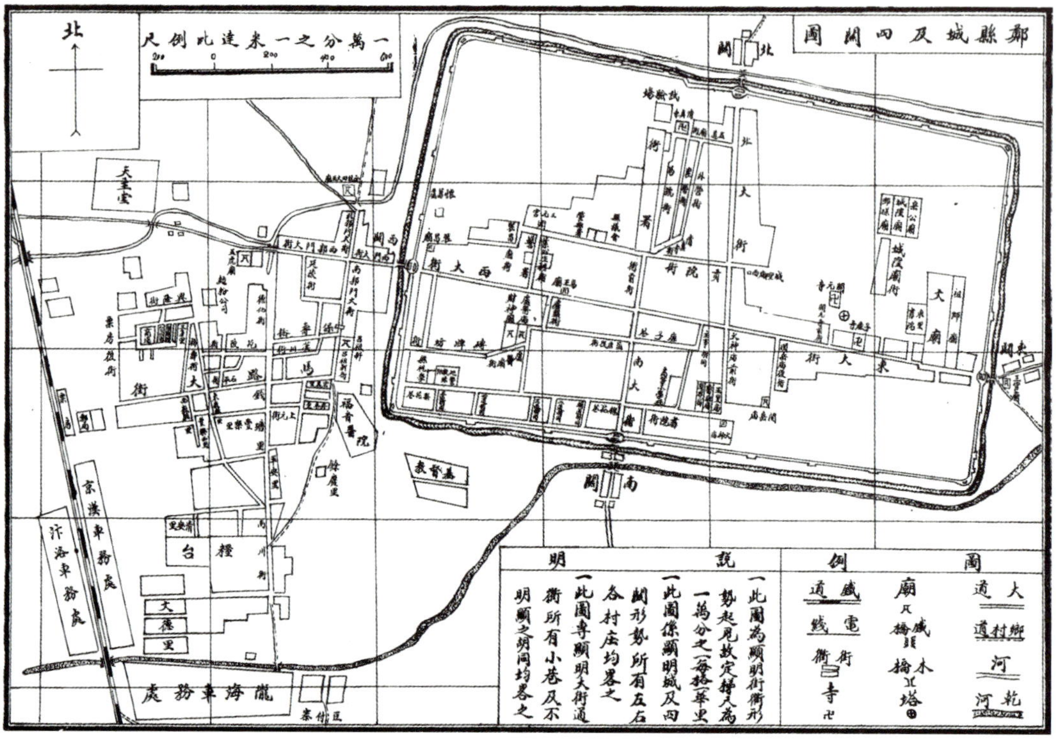

民国《郑县志》中的西大街老巷

西大街

西大街是辖区的一条传统老街。初建于唐代，明清时叫里仁街，多居官宦、富商之家。

赵宾羽，世居西街，性情豁达大方，喜欢帮助或接济别人。清道光初（1821 年）入太学读书。有一年，黄河发水，中牟杨桥工段决口。官府下通知要求临河 500 里以内的州县承办堵河所需物资。当时郑州下辖 36 保，零星散户多，承办困难大。赵公知难而上，所居保里凡是贫穷无能力出的，他皆为垫资，总计约 5000 两银子。后来，黄河堵口工程结束，官府下拨工程款，他领银 3000 两，用银 1500 两购买房屋，租给官盐店，另外 1500 两变贷给讲信用的富户和商人，用收取的房租和利息，作为郑州组织参加乡试和会试的经费。直到民国期间，郑州（县）青年学子参加高等、普通文官选拔考试，仍然使用此项津贴。

胡培元，世居西街，自幼好学，勤奋刻苦，学问精深。清嘉庆二十三年（1818 年）通过乡试为举人，历任信阳、商水、宁陵等州、县训导（管教育的官员）。他严于律己，

西大街

清正廉洁，一心一意培养后学。晚年告老还乡，继续从事教育近 20 年，多育英才。84 岁时逝世，著作有《性理批解》《周礼音释》。

赵星阶（1856—1925 年），世居西街。清光绪十五年（1889 年）中举人，曾任郑州东里书院山长。光绪三十年（1904 年），改东里书院为郑州官立高等小学堂，赵星阶任堂长，开郑州新学之始。民国四年（1915 年），任郑县师范讲习所所长。民国十六年（1927 年）创办郑县县立女子小学，任校长。

西大街自古繁华，老郑州的商贸活动主要集中在西大街及大十字街一带。西大街人会做生意是出了名的，他们和善热情，灵活有度，尤其是热情待客、拾金不昧，屡受外地客商旅人的称颂。

清朝时，西大街有一家客店，老板叫封世英。一次，有一位名叫杨景元的山西商人到店里住，把做生意的本钱遗忘在了床上，封老板捡到后，把这件事告知邻里。杨景元急急忙忙跑回寻找，封老板主动把钱还给了他。郑州知州张钺为此题匾“拾金不昧”，挂到他家门上。

南大街

南大街南北走向，长约 480 米，宽 7 米。

南大街人杰地灵，出过许多在郑州名噪一时的人物。

李焕扬，世居南街。光绪四年（1878 年）授绛州，因他赈济饥民政绩突出，被提拔为知府。光绪十年（1884 年），他请求回乡养病，绛州人送给他一块匾，题“风高山右”，称颂其高风亮节和惠民的善政，他坚辞不受。过后好多年，绛州百姓派人送匾到郑州。

贾宗伊，南街人，性情慷慨，有豪侠风骨。辛亥革命前夕，革命党人在郑州秘密建立地下活动地点，计划相机武装起义，占领郑州，切断清军运送军用物资的后勤保障线。贾宗伊为革命党建立地下组织、准备起义的事情往来奔走。1912 年 1 月，孙中山在南京建立中华民国临时政府，当时，他担任国民党干事员。1913 年，袁世凯派人刺杀宋教仁。他赴湖北、江西一带秘密活动，不幸被捕，宁死不屈。1913 年 8 月 4 日，贾宗伊被枪杀。

南大街 马健 摄

赵承志，世居南街，河南省高等学校毕业。他热心地方公益事业，尤其注重培养人才。他有感于当时郑州没有中等学校，影响青年学子深造，为之奔走呼吁，酝酿创办一所中学。1924 年，在书院街东里书院成立郑县县立初级中学，他任校长。1927 年，赵承志根据县政府要求，增设师资训练班，培训扫除文盲、普及教育所需老师，为郑县教育事业发展作出了贡献。1941 年，他出任郑县银行理事，次年灾荒，他积极救济灾民，亲自主持粥厂，放赈救灾。20 世纪 30 年代，他还参与修建南关德济桥，南大街人很敬重他。1943 年，任郑州市私立明新中学校长。

砖牌坊街

据说砖牌坊街在清乾隆年间就有了。砖牌坊街原名梨花巷，东西走向，东起平等街，西到西门南拐，长约 340 米，宽不足 5 米。街西头路北有一座乾隆四年（1739 年）建造的砖结构牌坊，因而得名。“文化大革命”期间，牌坊被拆除，街名改叫立新街。1979 年恢复原名。

这条小街原来叫梨花巷。明朝时，这里是孙家的后花园。据记载，孙氏原籍山东省阳谷县，元朝末年，因避兵乱迁郑，住砖牌坊街。后来孙家子孙繁衍，在明、清两代，有的得了功名，有的做了高官，逐渐成为郑州城内的望族。孙家的宅院很大，出入的大门坐落在南学街北侧。砖牌坊街路北是孙家的后花园，园内种植了很多梨树，结的梨个大、味美、质脆、汁水多，为郑州名产之一。州府曾将这里出产的梨进贡给朝廷。每到阳春三月，梨

砖牌坊街　马健　摄

梨花巷

花盛开，银白如雪，淡淡的清香在空中弥漫。居民们就把这街叫做“梨花巷”。

1739 年，乾隆皇帝为旌表李振业妻王氏节烈，敕建砖牌坊，街名改为砖牌坊街。砖牌坊位于这道街西段路北、柳叶坑胡同南口西边，用砖砌成，坐北朝南，有四柱三门，双层挑檐，高嵌圣旨牌，刻有八仙、珍禽异兽、奇花异草等浮雕纹饰，额刻“淮蜀懿型”四字，纪年为“乾隆三年（1738 年）十月，知州张钺详请题旌”。下刻楹联两副。现仅存西边一柱，嵌石刻楹联一条文曰“丸熊画荻荷龙章”，其意是表彰王氏教子有方。

王氏是儒士李振业的妻子，她 22 岁那年，丈夫撒手而去，留下了未满一岁的孩子和年老体弱的公公和婆婆。王氏毅然挑起重担，孝敬、服侍公婆，勤俭持家，养育儿子，守节三十余年。尽管她家不是很富有，但她经常做些力所能及的、帮助别人的好事。后来因其持家有方，李家家业兴旺，儿子考取功名，官为县丞。孙子好学，蜚声文坛，官至青州知府。知州张钺据此上报给朝廷，请求给予表彰。乾隆皇帝批准建牌坊，旌表节孝。街上的居民感念王氏德行义举，遂以砖牌坊命名街道，沿用至今。

砖牌坊街中段路北，曾住着一个叫李天恩的名医。他继承祖传医术，擅长医治各类妇科病症。城里和乡里，不论远近，凡有人请他前往看病，他立即到病人家去诊治施药。穷人没钱也能看病，免收脉礼，特别穷的人家，他不收分文。

孙宅 马健 摄

清朝光绪末年，砖牌坊街住着一个叫王文泰的人，他拜卢医庙里的道士卢本固为师，学习配制肥儿丸。学成后，他配制一些药免费送给亲友和街坊邻居家的小孩服用，效果很好。之后，他走街串巷叫卖，由于货真价廉疗效好，逐渐有了些名气，不断有人登门买药。他就在自家门前摆个药摊卖药，本钱不大，生意还好。后来，他在卢医庙门前西侧，建造了一间小木房，正式挂牌卖药，周边的民众都叫它“小木房肥儿丸”，也有的干脆直呼“王家肥儿丸”。

20世纪20年代，砖牌坊街有一位名叫郑培真的女塾师，受到街坊邻居的交口称赞。郑培真（1889—1958年）自幼丧父，随其长兄郑培芝习读经史，学问精深。清末，学校刚刚兴起，她就学于开封女子师范学堂，改学新课。辛亥革命后，她辍学回家，在贡院街（今法院东街）东头路南设立女塾，名叫“自立女学堂”。1915年，因她家迁居砖牌坊街，女塾停办。当时郑县已成立女子小学，但很多人不愿送女儿到公立学校跟男老师上学。他们听说郑培真曾办过私塾，便一起到郑家请她再设私塾收下这些女孩子，郑培真只好再次办塾收徒。开始有五六个学生，她把居室外间略加整理，权作教读之所。一年后，前来求学的增加到十几个人，于是她家腾出前院三间临街房改为教室。教学采用混合班制，课本有新有旧。她教学有方，学生们受益很大。

昔日砖牌坊街的西头路北，有一个长宽各六七米的井院，中间有一水井。这口井开凿于清雍正十二年（1734年），是老郑州城内屈指可数的几大水井之一。井水清澈，附近许多街巷居民，甚至城外商行店铺都用这井的水。一些无业之人就挑这井水去卖，赚钱维持生计，也有用独轮小木车推着两个小箱送水的。民国初年，这条街附近一带曾以此井为标志，叫“甘泉镇”。到20世纪60年代，自来水普及街巷，该井始废弃。

旧传砖牌坊街西头的旧城墙下有一棵古槐，高20多米，树干很粗，几个人合抱才能围起来，树龄约有500年以上。其主干已枯死空了，但树枝交错，树叶繁密，附近居民尊称之为“老槐爷”。

菜市街

清朝末年，随着京汉、陇海铁路通车，郑州人口骤增，尤其在郑州老城西南角，铁路职工家属、小商贩、小手工业者在此聚集生活，附近形成一个长长的菜市场，渐成街道，全长不足500米。1927年，冯玉祥主豫后，将此定名为菜市街。旧时菜市街附近住的大多是穷人，居住条件简陋，要么是茅草房，要么是苇席搭建的棚子。每逢下雨，菜市街就泥泞不堪。新中国成立后，菜市街设有蔬菜、禽蛋、鱼类、肉食等国营商店，经营品种齐全。每逢节假日，这里热闹非凡。

磨盘街

磨盘街旧时是一条又窄又短的街巷，南北走向，长约 80 米、宽 3 米多。该街南头向西，不远处的盐店后街西头路北，有一座坐北面南的卢医庙，因这道街在庙的后边，于是街名就叫卢医庙后街，相传北宋时期有个包公办案的故事发生在这里。

北宋年间，包拯陈州放粮返回汴京时，路过郑州。行至熊耳河边休息时，发现有不少鸟雀飞落河边觅食，包拯很是诧异，就命王朝、马汉下去查看。谁知，竟在河边发现一具男尸，身上还绑有一块磨盘。因为尸体高度腐烂，一时无法断案。包拯想，如果查清谁家丢了磨盘，不就有线索了吗？于是，包拯命人张贴告示，在方圆十里以内高价收购磨盘。在收购的磨盘中，发现有家磨盘缺了一扇，就当场扣押磨主，终于使事情真相大白。原来，该磨主和被害人的妻子有奸情，为达到长期通奸的目的，共同将此人杀害，并绑上磨盘投入河中。案破了，可收来的磨盘怎么办呢？当时的县太爷将这些磨盘全部铺在这条胡同中，一方面改善路面，一方面警示后人。久而久之，这条小胡同就叫做磨盘街。

磨盘街

清朝光绪二十二年（1896 年），郑州第一家官方金融机构——河南豫泉官钱局设立在磨盘街。1919 年后，随着棉花业的兴起和发展，中国银行、交通银行、实业银行、大陆银行、金城银行、四明银行等相继在郑县设立分支机构。

1922 年，郑县总农会成立，会址就在磨盘街。

1941 年 3 月，郑县银行在这条街北端路东开业，这是一家官商合办的地方银行，经理是当时县长派任的。该银行为郑县所属唯一的金融机构。

2003 年，经拓宽改造，磨盘街宽约 7 米，紧接西大街，与原来略偏西一点儿的平等街连到一起，笔直地向南延伸，成为一条充满生机的街道。

平等街

平等街南北走向，南起南学街，北至盐店后街，长 220 米、宽 4.5 米，周边是一处古老而宁静的居民区。

平等街旧称道学胡同，因明清时期道正司（掌管有关道教事务的官署和主官）住在此街北头卢医庙内，故名。后来道正司迁到城区东北角一带的城隍庙里，这条街改名叫卢医庙前街。1927 年，冯玉祥将军倡导孙中山先生“平等”理念，改名为平等街。“文化大革命”中改为迎新街。1978 年恢复街名为平等街。

改革开放以后，平等街面貌发生了很大的变化。经过修整，变得平坦整洁，路边建起了小游园，配备了休闲长椅、健身器材等。

盐店后街

盐店后街东起南大街，西到平等街，长 160 米、宽 7 米。这条街西头有一口甜水井。明朝、清朝都称此街为官井胡同，后又改称官井巷。

清朝时，西大街东头路南有一家官盐店，老板是一位叫李树田的天津人。郑州以及华北地区的食盐要从天津运来，运商集中在天津，李树田与运商联手，做郑州的经销商。在盐店的后边，有一东西走向的小街，原名“官井巷”，后因它的前边是官盐店，生意兴盛，在全郑州乃至周围四邻八县的乡村都有名气，所以位于盐店之后的官井巷便逐渐改名为盐店后街了。

老照片——盐店后街

清末，西大街住着一位叫张希曾的医生，他以医德好、医术高而受到百姓的称颂。张希曾（1835—1908 年），世居官井巷。他天资聪颖，潜心研读医药书籍，医术颇高，对针灸研究得尤其透彻。为了给患者看病，他走遍城乡，不辞辛劳。即便是深夜，有病人求医，他无不马上披衣而起，前去施医救治。对贫穷的病人，他也同样热情对待，精心医治，还常免收医药费。他结合长期临床经验，创制出儿科良药肥儿丸，后传给卢医庙道士卢本固。

1905 年，美籍基督教浸礼会派医生劳莪坦来郑州行医兼传教。他们最初就选定盐店后街，租赁民房开设诊所。这是西医、西药传入郑州的开始。

随着城市的发展，盐店后街现已不存。

南学街

南学街东西走向，东起南大街，西到小西门，长约 550 米、宽约 4.5 米。这道街的东段，清朝时曾叫上元巷。

老街记忆：南学街之一 孙建辉 摄

老街记忆：南学街之二 孙建辉 摄

南学街居民尊师重教、尊重人才、尊重知识的良好风尚由来已久。位于这条街上的南学街小学于 1904 年创办，原名郑县官立高等小学堂，是郑州第一所新式小学堂。此学堂为郑州知州饶拜扬在东里书院旧址上改造建成，于 1904 年 7 月 1 日正式开学，招收学生 42 人。

1906 年 4 月，郑州知州叶济把已裁减的郑州训导署改设高等小学堂，即把原设在东里书院旧址上的官立高等小学堂迁移过来，又修建斋房数十间。郑州城里城外的很多青少年到这所官办新式小学读书。

1926 年，冯玉祥率领的国民革命军第一方面军进驻郑州，国民革命军总司令部就设在南学街县立第一小学。后来，这里又挂出了“中国国民党郑州市党部筹备委员会”“郑县农民协会”“郑州市总工会”的牌子。在这古老的街道上，留下了许多关于北伐战争的故事。

经济发展

西大街自古以来就是繁华的街道，老郑州的商贸活动主要集中在西大街及东西大街、南大街和管城街交会的中心十字一带。在20世纪二三十年代，西大街商业较为繁荣。

2000年，经过升级改造后的西大街，两侧商用楼宇较为集中，街道经济发展重点转向楼宇经济和总部经济。

发展历程

19 世纪末，郑州百货商业发展的一个重要集聚地在县前街十字中心和西大街一带。据记载，这里经营百货最早的商号是桂贡锦帽店（清光绪二十二年）、新记帽店（清光绪三十年）及以后开业的尚金钟粉脂店、魁兴公丝带店、王顺兴铜盆店和义聚魁笔墨店等。

民国初期，郑州纱布、绸缎业发展很快，在市区商业活动中比重较大，中小店铺多分布在西大街等处。

20 世纪初，京广、陇海铁路相继建成通车，各类商贩多聚集在火车站一带，从火车站到旧城区的各商业街陆续形成，杂货行多集中在西大街一带。

20 世纪 20 年代到 30 年代中期是西大街商业繁荣时期，明月楼、醉月楼饭店和玉泰生酱园等店铺很有名气。玉泰生酱园位于西大街西段路北（现裴昌庙街南口东侧），1921 年开业，是当时郑州城内最大的一家糕点酱菜店，玉泰生酱园与鸿兴源、五美长、老宝泰、有恒等被称作老郑州的五大酱园。

西大街商家店铺众多。有做水烟、杂货生意的，做瓜子、大米生意的，做布匹绸缎、靴鞋生意的，颜料业也很兴旺。瓜子生意在 20 世纪 30 年代是郑州的主要外销商品，年销量在 700 万公斤。1936 年前后，西大街有 10 多家棉花行，棉花行、土布行是西大街当时的特色商业。

1948 年郑州解放，1951 年国营郑州贸易公司组建，同时在乔家门设立第一食品批发部，在西大街设第二食品批发部，经营的商品有肉类、海参、鱿鱼、干贝、鲜鱼、带鱼、海带等。

20 世纪五六十年代，为解决辖区居民就业和收入问题，街道办事处支持兴办小型集体企业、商业门店、餐饮服务业等。

20 世纪七八十年代，郑州市乐器厂、郑州市风挡玻璃厂、新新服装厂等集体企业在辖区兴办并发展。

2000 年初，随着二七商圈的崛起，西大街进行升级改造，街道两边高楼大厦拔地而起，根据郑州市总体规划，郑州东西大街被打造成为传统商业文化街。

西大街商业氛围浓厚，吸引了众多商家投资，从 2005 年起，街道将发展楼宇经济和总部经济作为重点工作。

传统商业文化街——南大街合记烩面　马健　摄

传统商业文化街——西大街五顺斋烤鸭

传统商业文化街——西大街乐器行 马健 摄

2018年，辖区生产总值为18亿元，社会消费品零售总额为6.2亿元，辖区城市建设、管理日趋完善。

2009—2018年西大街街道生产总值及财政收入统计表

年份	生产总值/亿元	第三产业增加值/亿元	固定资产投资/亿元	消费品零售额/亿元	城镇居民收入/元	财政收入/万元
2009	3.5	—	7.3	2.4	18075	2200
2010	4.6	—	9.5	3.3	20063	2745
2011	5.3	10.2	9	3.9	22932	3454
2012	5.3	5.2	11.9	4.5	20564	4037
2013	7.5	—	19.8	4.5	—	5100
2014	8	7.7	8.3	4.5	—	3264
2015	4.8	4.7	3.1	4.8	—	4119
2016	6.6	—	4.6	4.9	—	6883
2017	13.7	12	7.2	5.5	—	4833
2018	18	—	5.9	6.2	—	2045

招商引资

2005年，引进注册资金50万元以上公司和企业12家。

2006年，引进注册资金50万元以上公司和企业21家。

2007年，引进注册资金50万元以上公司和企业20家。

2008年，引进注册资金50万元以上公司和企业19家。

2009年，引进注册资金50万元以上公司和企业21家。

2010年，完成招商引资1.53亿元。引进注册资金50万元以上公司和企业25家。

2011年，完成招商引资2.48亿元。引进注册资金50万元以上公司和企业16家。

2012年，完成招商引资2.69亿元。

2013年，完成招商引资1.3亿元。

2014年，完成招商引资4.8亿元，引进注册资金50万元以上公司和企业14家。

2015年，完成招商引资1.6亿元。引进注册资金50万元以上公司和企业12家。

2016年，完成招商引资5.16亿元。

2017年，完成招商引资2.59亿元。引进注册资金50万元以上公司和企业28家。

2018年，完成招商引资2.46亿元。引进注册资金50万元以上公司和企业32家。

工业

郑州新新服装厂

郑州新新服装厂位于砖牌坊街46号，组建于1979年6月。建厂时占地330平方米，固定资产180万元，正式职工23人，退休职工20人，聘用工50人，缝纫设备和各种服装专用设备20台。

新新服装厂原址

主要产品有学生服装、运动服装、礼仪服装等，年产服装18万件（套），销售以内外销、批发、直销等为主。1990年，产值达187.8万元。

2010年后，企业停产。

郑州尼龙器材厂

郑州尼龙器材厂位于北乾元街25号，建于1984年10月，成立时是河南省纺织工业厅重点出产尼龙器材配件的专业工厂。厂房面积800平方米，职工100多人，解决了辖区一批待业青年的就业问题。该厂年销售额最高时达到60余万元，产值100多万元。

该厂生产的尼龙产品广泛用于冶金、矿山、纺织、石油、化工、橡胶、食品化工等行业。“豫龙牌”尼龙器材获得过郑州市产品质量监督检验所和铁道部检测中心颁发的质量检验合格证书，并获得河南省第九届发明展览会奖。

2000年，企业经济效益逐年下滑，进行了改制。

楼宇经济

2005年，西大街商务广场、许昌大厦（瑞贝卡酒店公寓）等项目落户辖区。楼宇经济和总部经济开始发展。

2006年，街道对西大街两侧金誉商务、银座国际、日月星城、时代华庭、金鼎华府5座商住楼及正在建设的瑞贝卡大厦、现代星苑两座在建商务楼加大招商力度，海尔橱柜总部等项目入驻辖区。

2007年，对金誉商务、银座国际、日月星城、时代华庭、金鼎华府、现代星苑等商务楼做好招商工作，积极联系商户进驻，组织辖区商户充分利用中原国际博览会契机，走出去、引进来，不断扩大招商范围。同时对引进的瑞贝卡大酒店、海底捞火锅城、海尔橱柜总部等较大项目做好后续服务，进一步创造良好的经营环境。

2009年，针对辖区楼宇经济占主导地位的特点，加强了对房产税的征收力度。2010年，引进北京同仁堂、北京东来顺等9家知名企业落户辖区。

2011年，深入开展对楼宇企业未办证、未交税、异地办证、异地交税等情况清查，

西大街商务楼宇网格服务中心

及时联合工商、税务部门开展上门服务，促进楼宇税收有较大幅度增长。

2012年，引进河南摩尔置业有限公司、河南卓森商贸有限公司两家企业总部入驻辖区。

2014年，通过设立楼宇经济工作办公室、实行“楼宇首席服务官”制度、制定招商引资奖励政策、整合楼宇资源等措施，积极参与招商引资工作。是年入驻辖区注册资金50万元以上企业14家。

2015年，成立楼宇经济工作领导小组，实行“楼宇首席服务官”工作机制，重点建设“中部大观国际商贸中心”项目。引进河南京涛商贸有限公司、河南尊达商贸有限公司、韩风源自助餐厅、8度青春复式酒店等注册资金50万元以上公司60余家。谋划“欧洲时尚中心项目”即弓背街箱包市场周边片区改造项目。

2016年，借助中小企业普查工作，对辖区商务楼宇企业进行全面排查统计，针对排查出的20余处闲置办公场地，加强与区商务局的联系，协助招商。全年招商引入企业35家，其中注册资金100万元以上企业17家；楼宇企业入驻率达到98%，年度税收3200万元。

2017年，从“强招商、抓管理、重服务、打基础”等方面入手发展楼宇经济，新招商引入企业28家，其中注册资金500万元以上企业7家，楼宇企业入驻率96%，注册率98%，税收贡献率97%。

2018年，大力发展楼宇经济，新招商引入企业32家，其中注册资金500万元以上企业13家，楼宇企业入驻率98%，注册率97%，税收贡献率95%。

商　业

西大街自建成后，逐渐发展成为两侧有各种店铺的商业街。到20世纪二三十年代，西大街集聚了水烟杂货、瓜子、大米、布匹绸缎、银号、颜料、酒馆旅店等各种行业的商铺。附近的南大街成为药材一条街。21世纪初，随着西大街的升级改造，西大街沿街商铺也随之扩建提升。截至2018年，辖区商铺共有516家，为推动经济发展起到了重要作用。

南大街药材一条街

民国时期，郑州辟为商埠，做药材生意的越来越多。1928年，普利公药栈在南大街开业，成为郑州最早的药材行。1930年前后，郑州药材业日趋兴盛，多集中在南大街和东大街一带，其中南大街被称作药材一条街。生意最火时，附药材行达50多家，中药铺近20家，经销品种达600种以上。自1931年起，根据一些乡绅和药行老板提议，兴办郑州药材骡马大会，来自云、贵、川、两广等地的药材商云集郑州洽谈生意，南大街逐渐成为当时全国知名的药材集散地之一。

抗日战争爆发后，南大街上的药材行相继停业，仅有豫生长、公和永等10多家经营。1945年8月日本投降后，药材行恢复，1946年开业的有义丰行、福兴勇、大盛昌等20多家。1948年10月郑州解放后，南大街区域药材业迅速发展，仅1948—1949年一年多时间，新开业的药材行（栈）就有36家。知名的有大盛昌、义丰行、卫钧恒、钧兴成、信孚、泰和、乾泰隆、豫中恒、民生药行、同和公、同兴永、同协公、同泰昌、协昌、汇源长、和丰、德昌等。

玉泰生酱园

玉泰生酱园位于今西大街北侧、裴昌庙街南口以东区域，前身是成章泰酱园。

1920年前后，成章泰酱园因经营不善倒闭。时任商会会长的石怀玉看到西大街人口集中，却没有糕点铺，就召集5名朋友做股东，共同出资，于1921年在成章泰酱园原址重操旧业，继续经营糕点、酱菜，取石怀玉的“玉”字，成章泰的“泰”字，改名为“玉泰生”。石怀玉聘请经验丰富且有经营能力的雒子让担任玉泰生酱园经理。

雒子上任后，从市场调查入手，调整经营方向。在经营上采用前店后作，3间门面用于营业，后店设糕店（甜作）及酿造（酱作）两个作坊，自产自销。除此业务外，广开门路贩运地方土特产品，将郑州的大枣、柿饼、花生运至武汉、上海；将南方的红白糖、纸张、干果等运回郑州销售。

玉泰生酱园以大路货为主，面向农村，处处为农民着想，它以眉豆角、橘饼、桃酥占领市场，物美价廉，大包出售，非常实惠，深受市民及近郊农民的欢迎。此外，它制作的山楂糕，酸甜爽口，老幼皆宜，被公认为糕点行业中的“绝品”之一。

玉泰生酱园因经营有道，生意兴隆，成为老郑州的五大酱园之一。

抗战时期，玉泰生酱园生意日渐萧条，且屡遭日寇、汉奸的欺辱，曾一次就被掠去月饼2000公斤。后惨淡经营，直至1948年10月郑州解放。

1956年，玉泰生酱园实行公私合营。1964年，玉泰生酱园更名为郑州市糖烟酒公司西大街商店，此后不久，其作坊、车间并入鸿兴源食品厂。1983年，其糕点作坊另立门户，改为郑州市糖烟酒公司溢香园食品厂。

铁记牛肉总店

铁记牛肉总店位于西大街与顺城路交叉口东10米路南，始于1918年，起源于西安，至今已有百年历史。

清朝到民国时期，西安大皮巷（现今的回民街）一带，有姓铁的回民以提篮叫卖牛羊肉为生。1918年，铁俊轩在西安大皮巷创立首家铁记牛肉店。

1922年7月，铁俊轩举家迁入郑州，在郑州福寿街开办郑州首家铁记牛肉店。

1963年，铁俊轩的儿子铁广玉接手父亲的福寿街店。后因拆迁，在郑州人民公园南门老坟岗街道等处开了新的店铺。

1989 年，铁记牛肉总店迁至管城回族区西大街辖区内。

2018 年，“铁记酱牛肉制作技艺”项目成功申请成为第六批郑州市非物质文化遗产项目。铁记牛肉以本地优质黄牛肉为基础，制作上使用祖传秘方名贵大料及配方，配上世代相传的老汤，牛肉色泽红润，味道平和绵柔，受到食客的喜爱。

郭记清真烧鸡店

郭记清真烧鸡店位于管城回族区西大街与顺城街交叉口东北角，起始于清代，有 100 多年制作历史。主要经营产品有桶子鸡、烧鸡和芦鸡。每逢中国传统节日端午节、中秋节，顾客络绎不绝。

桶子鸡，选用 5 斤左右的柴母鸡，经过五道工序，加入十几种调料精制加工而成，具有肥而不腻、皮脆肉嫩的特点。烧鸡，选用 2.5 斤左右的柴公鸡，经过先炸后卤等五道工序精制而成，具有味浓肉嫩、脱骨肉酥的特点。芦鸡，选用 2 斤左右的柴公鸡精制而成，具有清香可口、五味俱全的特点。

郭记清真烧鸡店

民俗风情

民俗风情往往带有浓郁的地域色彩，所谓“百里不同风，千里不同俗”。随着经济发展、社会进步、科学文化知识的普及和思想观念的更新，西大街辖区居民在婚丧嫁娶、节日风俗中既保留传统特色，又呈现出新的时代风采。

礼仪风俗

婚嫁礼俗

相　亲　旧时，辖区男女相亲的日子由媒人去商定，然后双方各自准备。男女双方第一次见面一般是在女方的家中，媒人带着男方及男方亲戚女眷到女方家中，促成双方互相了解。男方要提前了解女方父母的爱好，准备礼物；女方要洒扫庭院接待客人。相亲是婚姻能否成功的重要环节，男方不仅衣着打扮要得体，还要言行举止谦和有礼。

现今青年男女多为自由恋爱而结婚，但有些还需要介绍人在中间牵线搭桥。介绍人认为男女二人般配，便向双方分别介绍情况，双方如果愿意见面，介绍人就约定见面的时间、地点，见面后双方互相满意，就会自行交往，进入谈恋爱阶段。

定　婚　男女交往一段时间后，相互满意后就可以定亲了。定婚仪式选在双月双日，一般是双方父母见面，商谈一下孩子结婚的日期及具体事宜，同时男方父母送给准儿媳红包和一些衣物，亲事就算定下了。

嫁　娶　娶亲之日，男方准备酒宴，张灯结彩。为了方便客人快速找到婚礼举办地址，从室外开始就需要贴好“喜”字，这就是领路喜。

婚前或结婚当天，亲戚、街坊邻居、朋友大都前来送礼、贺喜。过去贺礼有礼金、被面、布料等，现在多是结婚当天到酒店送礼金。当新郎带领迎亲队伍来迎娶新娘的时候，娘家人通常会关门拒新郎，新娘的姐妹团都会讨要红包，通过藏鞋子这样的方式来表达对女方的不舍。迎亲的时候，新娘不能回头，去迎亲和回酒店举办典礼的路线不能重复。婚礼仪式要在上午进行，中午摆设宴席酬谢宾客，新郎和新娘一起一个一个地对客人敬酒。

婚礼后第三天，新人回门看望娘家父母。女方家人设宴招待新女婿。新人不能在娘家留宿，要在太阳落山之前赶回婆家。

如今，婚礼方式各种各样，旅行结婚、集体婚礼已不时髦，传统婚礼再度兴起。此外，还有到郊外度假村或生态花园举办绿色婚礼、跳伞婚礼、攀岩婚礼等，现在的婚俗礼仪越来越新颖、时尚。

丧葬礼俗

旧时，辖区的丧葬程序非常繁琐，中华人民共和国成立后，殡葬习俗有较大改革，封建迷信习俗多被抛弃。1976年后，推行殡葬改革，丧葬习俗逐步简化。进入20世纪90年代，辖区全部实行火葬。吊唁仪式已经大大简化，主要是遗体告别和开追悼会。

节日习俗

传统节日习俗

春 节 春节期间，辖区居民都要举行各种活动以示庆祝。

祭灶神 农历十二月二十三，又称“小年”，是民间祭灶的日子。随着社会不断进步，辖区居民的观念也在不断更新，如今，辖区居民虽然祭灶这一天不再祭拜灶神，但仍保留吃芝麻糖的习俗。

扫 尘 “腊月二十四，掸尘扫房子”。按民间的说法：因“尘”与“陈”谐音，新春扫尘有“除陈布新”的涵义，其用意是要把一切穷运、晦气统统扫出门。每逢春节来临，家家户户都要清洗各种器具，拆洗被褥窗帘。

贴春联、贴窗花和贴“福”字。每逢春节，家家户户都要精选一副大红春联贴于门上，在窗户上贴上各种窗花，为节日增加喜庆气氛。在贴春联、贴窗花的同时，很多人家要在屋门上、

街道迎新春送对联

墙壁上、门楣上贴上大大小小的“福”字，寄托人们对幸福生活的向往，对美好未来的祝愿。

守　岁　除夕之夜，旧时全家团聚在一起，吃过年夜饭，点起蜡烛或油灯，围坐炉旁闲聊，等着辞旧迎新的时刻。如今，辖区居民过春节的地点和方式不再局限于家中和守岁，许多家庭的年夜饭改在酒店，春节外出旅游的家庭也越来越多。

拜　年　春节期间向长者拜贺新年，包括向长者叩头施礼、祝贺新年如意、问候生活安好等内容。遇有同辈亲友，也要施礼道贺。拜年的时间一般为正月初一至初五。

逛庙会　在春节期间，辖区居民通常会全家人一起去附近的郑州文庙、城隍庙逛庙会，欣赏传统民俗表演。

元宵节　20 世纪 90 年代以来，办事处在元宵节期间开展“同庆元宵节，和谐一家亲”等活动，在城市公园举行灯会，利用声、光、电等现代科技制作花灯，展示各种造型亮丽的彩灯。在广场、公园、社区举办有奖猜灯谜活动，开展秧歌、盘鼓、舞狮等民间文艺表演，丰富居民的节日生活。

为了让辖区困难群众度过一个温情满满的元宵节，西大街街道办事处每年都会组织志愿者为孤寡老人和贫困群众送上汤圆、食用油等慰问品。

清明节　清明节前夕，人们就开始准备各种祭祀用品，因有“早清明”的说法，清明前一日或当日一大早，要上坟扫墓添土、摆供烧纸，祭奠已故亲人。如家有新娶媳妇，要盛装行拜坟礼。

端午节　一到端午节，家家户户包粽子、炸糖糕，门上插艾草，驱瘟避邪。姑娘们用各种细布缝制香草布袋，装上朱砂、雄黄、艾草香料，送给亲人，避蚊虫叮咬；要给儿童佩戴香囊，手腕、脚腕戴上五彩线，以祈求压邪避毒，长命百岁。

街道以志愿服务活动为载体，组织辖区群众、党员干部、志愿者在节日期间开展向辖区困难群众送粽子等慰问活动，弘扬社会新风，促进社会和谐。

七夕节　七夕是一个富有浪漫色彩的传统节日。象征忠贞爱情的牛郎织女的传说，一直流传民间，故七夕节也是“中国的情人节”。每逢七夕节，街道办事处举办“编织幸福网，共话七夕情”等活动，为辖区单身男女牵线搭桥，解决婚姻大事。

元宵节做灯笼

中秋节 农历八月十五为中秋节，旧时有祭月、赏月、挂彩灯、吃团圆饭的习俗。中秋傍晚，各家将桌案抬至庭院，摆上月饼、瓜果等贡品，等月亮升起，人们祭拜月亮祈福，男孩会祈祷自己事业有成，女孩则希望自己早日嫁个如意郎君。

如今，人们在中秋节全家团聚吃顿饭，一家人围坐在一起边吃月饼边拉家常，有的居民还会选择短途旅行，放松身心。

重阳节 农历九月初九是中国的传统节日“重阳节”，也是我国传统的敬老节日。

每逢重阳节，辖区有的居民带着家中老人外出旅行，登高远望；街道组织开展“健步走”等全民健身活动以及书法展、绘画展、摄影展、诗歌展和科学健身大讲堂活动，让辖区老年人过一个健康、快乐、幸福、和谐的传统节日。

十月一 十月一指农历十月第一天，又称“寒衣节”“祭祖节”。十月初一这天傍晚，人们抓把土灰，在离家不远的十字路口撒一个灰圈，然后燃烧纸衣、纸锭，祭奠先人，表达对去世亲人的怀念和感恩。

冬　至 冬至是全年中白天最短、黑夜最长的一天，有“短不过冬至，长不过夏至”之说。过了冬至，白天就渐渐变长，黑夜则逐渐变短，民间有“吃了冬至饭，一天长一线”之说。过了冬至，气候就进入最寒冷的日子。农历以九天为一九，算完九个九，冷天过完，所以冬至又叫“交九”。冬至家家户户都要吃饺子，相传吃了饺子不会冻掉耳朵。

街道志愿者冬至包饺子

新兴节日习俗

元　旦　中华人民共和国成立后，采用世界大多数国家通用的公元纪年法，公历 1 月 1 日定为“元旦”。国家规定元旦为法定节日，放假一天。元旦前后，辖区部分学校举行联欢晚会，道路两旁挂上红灯笼，年轻人相约看电影、逛街、购物。

三八国际劳动妇女节　三八妇女节是世界妇女争取权利、争取解放的节日。在三八节期间，西大街街道办事处组织以保护妇女儿童权益为主题的活动，如利用现代科技举行“一网情深庆三八”活动；志愿者走上街头宣讲妇女儿童保护方面的知识等，解答文化教育权益、劳动和社会保障权益、财产权益和人身权益等方面的法律问题，增强辖区妇女的法律意识，指导她们通过法律渠道合理反映诉求，维护合法权益。

五一国际劳动节　新中国成立以后，国家将 5 月 1 日定为法定的劳动节。五一劳动节期间，辖区居民聚集在公园、剧院、广场，参加庆祝集会或文体娱乐活动，有突出贡献的劳动者会得到表彰。西大街街道办事处组织开展“慰问环卫工人，弘扬奉献精神”等活动，为辖区内的劳动者送去关怀和祝福。

五四青年节　5 月 4 日为中国青年节，这是为纪念“五四运动”而设立的节日。

五四青年节期间，辖区表彰各领域有突出贡献的优秀青年，开展“青们・开课啦——青年公开课”“青们・奔跑吧”青春潮跑迷你马拉松等活动，调动了广大青年投身经济社会发展的积极性、主动性和创造性。

六一国际儿童节　六一国际儿童节期间，辖区学校、幼儿园组织青少年儿童举行丰富多彩的文艺演出，庆祝孩子们的节日。

七一建党纪念日　7 月 1 日为中国共产党建党纪念日。七一期间，街道举办“心中的旗帜，身边的党员”“党员家门口服务队”“唱建党赞歌，迈崭新征程”主题文艺汇演等活动，促进辖区广大党员和社区居民互相交流，树立党员形象。

八一建军节　8 月 1 日为中国人民解放军建军纪念日。八一建军节期间，西大街街道组织党政机关、企事业单位等组织辖区青少年开展“英雄激励我成长”等主题活动，引导青少年树立崇高理想和远大志向。

国庆节　10 月 1 日为中华人民共和国国庆节。国庆节期间，辖区各党政机关、企事业单位、沿街商铺自发悬挂国旗，表达内心的喜悦。辖区广场、公园摆放各种造型的盆景、花卉，营造欢乐祥和的氛围。

庆七一

国庆文艺演出

方言土语

方言	普通话
外先	外面
滴星儿	下小雨
拾掇你	揍你
若儿	现在
扁食	饺子
年下	春节
老了	人去世
有种	有胆量
打耳脖	打耳光
老帖	很有本领、武功高
夜儿、夜儿个	昨天
秋儿起哎	早晨
前儿、前儿个	前天
夜儿黑	昨天夜里
卖野眼	注意力不集中
确人	骗人
糟闹他	吵他
奇拉	土坷垃、土块
蹲儿	板凳
布袋儿	衣服兜
瓦了	跑了
玉蜀黍	玉米
案板	切菜板
叨菜	夹菜
蒙蒙雨	小雨
打霍闪、打闪	闪电

冷子	冰雹
烧云	晚霞
云彩	白云
低脑	脑袋
脖、脖儿梗	脖子
肩磨头	肩膀
脊梁	脊背
盖地	被子
抢势人	欺负人
墙旮旯儿	墙角
瞎头摸掌	一片漆黑，什么也看不见
古堆	蹲下
不甩	不赞成，不服气
蒙住了	骗住了
药	一个
牙	人家
着	知道
悦	院里
威	屋里
桌	桌子
超	小车
小	男孩
妞	女孩
抽	尺子
究	鸡子
撬	茄子
捞	辣椒
日头	太阳
晌午	中午

后晌	下午
擦黑儿	傍晚
贼星	流星
扫帚星	彗星
圈起	关闭
喷壶、老喷儿	说大话的人
肘	往上举
扳、撂	扔掉
咕蛹	爬动
打麻缠	取闹
诓人	骗人
不拾闲儿	闲不住
嚼舌	搬弄是非
口舌	争吵、拌嘴
咋呼	说话声大、响亮
不沾板	不沾边、一点也不中
把门插住	上门动作
吓唬人	恐吓，诈骗，威逼
一下子	很快
起五更打黄昏	起早打黑，形容勤劳
仨核桃俩枣	比喻数量少，价值小
打别	闹别扭，你叫往东，我偏往西
编圈	设圈套、糊弄人
熬头儿	指望、苦等
薄气	刻薄、不厚道
安生	安静地待着
掰活	指教
鳖气不吭	无理不申辩或畏惧不申辩

教科文卫

辖区南学街小学是一所有着优良传统的百年名校，教书育人，桃李满天下。

辖区以创建科普示范社区为着力点，成立科普大学，深入开展科普宣传活动，推动社区科普系统化、规范化和大众化。

多年来，街道围绕重大节庆活动，组织开展形式多样的群众文艺活动，寓教于乐，极大丰富了广大居民的精神生活。

辖区有成立百余年的郑州市第三人民医院，集医疗、教学、科研、预防、保健、康复于一体，为居民提供了优质的医疗服务。

砖牌坊街幼儿园

学校教育

砖牌坊街幼儿园

砖牌坊街幼儿园

砖牌坊街幼儿园是管城回族区教育体育局主管的一所公办幼儿园，位于郑州市管城回族区砖牌坊街26号。幼儿园始建于1952年，至今已有60多年的办园历史，是一所充满历史气息和文化底蕴的市级示范幼儿园。全园占地面积2960平方米，至2018年，全园设有6个教学班，教职工34人，其中省级名师3人，省级骨干教师5人，市级骨干教师14人，区级名师1人，区级骨干教师3人。

郑州市南学街小学

南学街小学创办于清光绪三十年（1904 年），原名郑县官立高等小学堂，地址在南学街。1913 年迁校址到东书院街，校名为郑县县立高级小学校。1922 年，郑县重建郑县中学，学校又迁回南学街（现南学街 34 号）。1932 年改称郑县县立第一完全小学。1940 年改名为郑县维新中心国民学校。1948 年 10 月，郑州解放，学校改名为郑州市立完全小学。此后，学校先后易名为红光西街小学、南学街小学。截至 2018 年，学校有 12 个教学班 810 名学生，40 位教师。

学校注重校园文化建设，营造爱国主义教育氛围，美化、绿化校园，四季常绿、三季有花。学校先后获得全国红花集体、全国学雷锋先进学校、全国红旗大队、省红领巾助残先进单位、市文明单位、市文明学校、市爱国主义教育先进单位、市德育先进学校、市科技教育先进单位等称号。

美术教育是其特色。多年来，有 900 多件师生优秀作品获得全国和省、市奖励。

南学街小学老照片

南学街小学

南学街小学

郑州市第三中学

郑州市第三中学始建于 1942 年，原名郑县县立中学，1949 年更名为郑州市第三中学。学校分别于 1963 年和 1981 年被定为市重点初中。1972 年设高中部，1983 年取消高中部，现为市属初级中学。该校位于西大街中段，建筑面积 22400 平方米。布局合理，错落有致，凉亭、雕塑、花园、长廊点缀其间，花草、玉兰、松柏相映生辉。

学校现有教学班 24 个，学生 1000 余人，在职教师 100 人，其中高级教师 37 人，中级教师 41 人，国家级模范教师 1 人，省特级教师 1 人，省优秀教师 4 人。学校现代化教学设施齐备，被首批认定为“郑州市标准化初中”。学校图书楼、教学楼、实验楼、综合楼等硬件设施完备，拥有齐全的教学、科研设备，设置了闭路电视监控系统、电化教学双向控制系统和校园局域网。

郑州市第三中学 马健 摄

学校创办70多年来，已为国家培养出2万余名毕业生。中国首位飞天女航天员刘洋，是该校校友。学校先后获得河南省文明单位、思想政治工作先进单位、郑州市文明单位、文明标兵单位、初中教育教学先进单位、义务教育先进单位、师资培训先进单位、规范收费先进单位、安全综合治理先进单位、工会先进工作单位等称号。

郑州市管城回族区辅读学校

郑州市管城回族区辅读学校成立于1987年12月，是一所专门招收智障儿童的全日制特殊教育学校，位于管城回族区维新街5号。现有7个教学班，84名学生，25名专任教师。

学校在教育教学中，坚持“从学生需要出发，让每一个残疾儿童都快乐幸福的生活”。学校以“生活课堂、康复训练、快乐阅读、特奥运动”为主体的校本课程体系，使学生在德、智、体、美、劳等方面得到充分发展，培养积极乐观的生活态度，形成良好的生活习惯，使他们将来顺利融入社会，成为自食其力的劳动者，幸福而快乐的生活。学校坚持开展特奥运动，用特奥精神激励学生。

学校多次被评为全国特奥工作先进单位、河南省特殊教育工作先进单位、郑州市残疾人康复工作先进集体，文明学校、德育先进集体等，并被市政府命名为先进残疾人之家。

科技科普

科普活动

2007年5月，西大街街道办事处举行“科学防火 珍惜生命”安全知识科普讲座。9月，西大街街道办事处平等街社区科普大学开学，首批学员30多名。

2010年12月，办事处邀请郑州市营养协会举办以“三高人群营养知识”为主题的科普讲座，辖区近200名居民参加。

2012年，街道围绕节能环保开展“世界无车日”“学习低碳常识 垃圾分类从小做起”等科普进社区活动。

2013年9月，办事处为辖区居民举办关爱女性健康知识讲座。

2014年9月，办事处组织辖区老年人到科普阵地——郑州市科技馆参观。

2015 年 9 月，办事处组织居民参加 2015 年管城区“全国科普日”活动。

2016 年 9 月，办事处组织科普大学学员参加“全国科普日”活动。办事处联合郑州市第三中学开展“普及科学知识，提升居民素养”科普知识讲座。

2017 年 9 月，办事处组织南学街小学前往管城回族区消防二中队进行参观，孩子们观看防火图片展览，演练消防服装穿着，学习消防器材使用，了解消防车构造和功能，普及消防知识。

2018 年，办事处以“科技创新引领幸福生活”为主题，组织科普知识讲座，现场发放科普宣传册 1000 多份。9 月，办事处以“创新引领时代，智慧点亮生活”为主题，分别在华亿社区科普大学分校和商城遗址公园举办“科普进校园”和“保护生态环境”活动。

华亿社区科普大学

2006 年 9 月，西大街街道办事处第一所社区科普大学——华亿社区科普大学成立。社区科普大学抓住“两个结合”：社区科普大学建设工作与党建工作结合；社区科普大学工作与创建文明、构建和谐社区结合。社区科普大学刚成立时，招收的学员都是三院辖区

华亿社区科普大学

的老年人。随着时间的推移，老年大学的学员发生了很大变化，从最初的一个社区——三院社区到现在覆盖辖区其他5个社区。华亿社区依托科普大学，先后成立老年艺术团、合唱队、老年文艺演出队、老年门球队、太极球队、腰鼓队、葫芦丝队、二胡队等10余支群众文化队伍，有计划、有组织地举办才艺展示、文艺演出、体育比赛等。科普大学开办以来结业学员500余人。2009年，华亿社区科普大学被命名为首批郑州市一类社区科普大学；2010—2016年，多次获得郑州市、管城回族区优秀老年科普大学称号；2019年，获管城回族区社区科普大学优秀分校称号。

社区科普大学平等街分校

2014年年底，管城回族区社区科普大学平等街分校成立。自开办以来，本着“123”教学模式即：统一办学、两支队伍（家门口党员志愿者服务队、民族调解小分队）、三个教学方式，开设紧贴民心的课程，课程内容特色突出、教学形式丰富。社区科普大学平等街分校先后获得2015年度管城回族区优秀社区科普大学分校、管城回族区庆七一跟党走演讲比赛三等奖，2016年度管城回族区社区科普大学优秀分校，2018年度河南省科普示范基地、郑州市科普大学科普知识竞赛优秀组织单位、郑州市科普大学有氧健身操一等奖，2019年度管城回族区社区科普大学优秀分校等称号。

社区科普大学平等街分校

群众文艺

2005 年，街道举办迎新春文艺汇演、迎元宵灯谜大赛、颂歌献给党歌咏比赛、家庭才艺展示、社区卡拉 OK 大奖赛等文艺活动 10 余期。

2006 年，组织辖区居民参加“邻居节”厨艺大赛，举办庆元宵灯谜会、社区乒乓球赛和社区卡拉 OK 赛等活动。

2007 年，举办“讲文明、迎奥运、促和谐”家庭趣味活动，开展“大型公益国产电影进社区”等活动。

2008 年，先后举办了“同欢同庆闹元宵、为民政策学到家”“庆三八、迎奥运”社区女子拔河比赛等活动。

2009 年，组织开展“庆三八模特比赛”“庆祝建党 88 周年歌咏比赛”等活动。

2010 年，社区文化活动丰富多彩，先后举办了“新春联欢会”“军民鱼水一家亲”“迎端午送戏进社区”等文化活动。

2012 年，开展“情暖新春” “欢乐中原 魅力管城”等文艺演出。

2013 年，街道依托文化站，成立多家文艺活动团体，有秧歌队、舞蹈队、戏曲队、民乐队、合唱团、手工编织班等，参加人员百余人。

2015 年，街道以“建党 94 周年”“邻居节”“我们的节日”“欢乐中原”为主题开展系列广场文化活动。围绕“我们的节日”开展“欢乐中原 魅力管城”“情暖新春”等节日文化活动。党群服务中心自建成后，举办群众文化活动 25 期，参与群众 2500 余人。

社区趣味运动会

社区二胡课

社区图书室

2017年，街道举办各类群众文化活动10次，参加人数达500多人。持续开展“我们的节日”“百姓大舞台”等广场文化活动，组织群众进行全民文化艺术素质提升公共培训，平等街等3个社区部分居民参加了太乙拳、戏曲等培训活动。

2018年，街道开展各类丰富多彩的群众文化活动及免费艺术培训，广大群众多层次的文化需求得到满足。

医疗卫生

郑州市第三人民医院

郑州市第三人民医院即河南大学附属郑州市肿瘤医院、河南省第一慈善医院。

1905年，美国南部浸礼会派医生 A.D Louthen（劳莪坦）来到郑州，和中国医师魏留平在盐店后街合作开办诊疗所。这是西医、西药传入郑州的开始。美国医生用西医、西药给前来求医的病人施诊治疗。美国教会诊所在盐店后街上开了5年时间。1910年，他们在菜市街东头建了一座顶为黑铁皮、形状像燕子飞翔的两层楼房，面积约300平方米，起名叫“美华医院”。美华医院1911年正式开诊，是郑州市开办最早的一家西医院，有5名美籍医生，能进行大型手术。

第三人民医院老照片

1935 年，美籍医生 Sanford Emmett Ayers（艾义梅）负责医院管理工作，把医院改名叫“华美医院”，设有内科、外科、手术室、妇产科、化验科等科室。外科可做阑尾切除、疝气修补、肠梗阻、截肢、膀胱结石取出术、卵巢囊肿切除、子宫切除、扁桃体摘除、白内障等手术，内科以治黑热病、花柳病较多。

1951 年，河南省人民政府接收后医院更名为“河南省立第二人民医院”，1957 年移交郑州市。

1959 年经郑州市批准，医院改名为“郑州市第一医学专科学校附属医院”，同年又改名为“郑州医学专科学校附属医院”。

1962 年更名为郑州市第三人民医院，沿用至今。医院位于管城回族区南顺城街 136 号。

2008 年，河南省卫生厅、河南省民政厅、河南省慈善总会联合命名郑州市第三人民医院为“河南省第一慈善医院”。

郑州市第三人医院　马健　摄

2011 年，河南省卫生厅、郑州市卫生局批准郑州市第三人民医院增挂“郑州市肿瘤医院”。

2015 年 10 月，与河南大学挂牌合作成立“河南大学附属郑州市肿瘤医院”。2017 年，医院正式获批河南省三级肿瘤专科医院。

医院现拥有肿瘤学科、血液科、耳鼻喉头颈外科、泌尿外科、神经内科、肾病风湿科、超声影像、专科护理学等一批河南省和郑州市重点学科和重点培育学科，是一所集教学、科研、临床、防保于一体的大型综合性三级医院。医院现有床位 1100 张、在职职工 1700 余人。

医院设有郑州市肿瘤防治研究所、郑州市抗癌协会、郑州华美法医临床司法鉴定所、郑州市泌尿研究所、郑州市男性医学研究所，是省、市、区医保定点医院、“新农合”定点医院、“铁路医保”定点医院、“郑州市争创白内障无障碍市”定点医院、中华慈善总会批准的“微笑列车”定点医院，为省、市多所高校的教学医院和技术培训基地。

该院的慈善项目有中华慈善总会“唇腭裂免费治疗”项目、美国“国际微笑列车”基金会资助项目、“善行绿城”之“关爱女性——两癌慈善救助”项目、“善行绿城”——癌症慈善救助项目、“善行绿城”之“净化生命”——尿毒症患者透析慈善援助项目、河南省慈善总会药品援助项目。该院以电子耳蜗植入术被列入“河南省新农合重大疾病救助定点医院”。

医院先后获得省级卫生先进单位、省市行风建设先进单位、郑州市职业道德建设双十佳单位、郑州市“廉医、诚信、和谐、为民”医院、郑州市文明单位、郑州市先进基层党组织、市级花园式单位等称号。

精神文明创建

2002 年，街道推出“话邻里关系 树道德新风”社区文化沙龙活动，获得社会广泛好评和关注，中央电视台《新闻联播》予以宣传推广。是年，“赞助人为乐 颂道德新风”“少年模拟法庭进校园”“人口 · 计划生育 · 法律”“消费、识假、维权”等文化沙龙活动先后在辖区举办。

2003 年，街道开展“坚定信心 战胜非典”为主题的青少年书画展，印制非典预防的宣传图页在辖区张贴。开展“讲文明、讲卫生、讲科学、树新风”卫生监督和宣传活动。开展“呼唤诚信”“我爱我家”“鱼水情深”“市长电话进社区”社区文化沙龙活动。

西大街社区文化沙龙

2004年，街道开展“商城保护篇——家住在城墙下”“禁毒你我他”“预防艾滋病、健康全家人”等社区文化沙龙。

2005年，街道开展“迎新春社区居民楹联大赛”“心中的旗帜 身边的党员”“消防与安全”等社区文化沙龙活动。

2007年，街道全年以社区文化沙龙的形式开展精神文明建设活动30余场，举办以“走进全民医保”为主题的社区文化沙龙活动，举办以“情系贫困儿童”为主题的慈善募捐活动，联合河南省“社会主义法治理论进基层”宣讲团开展以“法在我心中”为主题的社区文化沙龙活动。

2008年，街道广泛开展全国文明城市创建活动。创新载体，促进青少年健康成长；开展文明知识进万家活动，加强健康知识宣讲。

2009年，街道开展为辖区老干部、老专家、老教师、老劳模等人员送健康活动；利用重阳节等节假日慰问辖区老年人。开展健康知识、法律知识、消防知识、电梯安全知识进社区等宣讲活动；开展“党员家门口服务队”“宣讲文明 清洁家园”等系列活动。

2011年，街道制定“弘扬雷锋精神 推动文明城市建设”实施方案，全年开展学雷锋活动16次。宣传普及公民道德，开展道德宣传主题实践教育活动及群众性公益文化活动10余次。

2012年，街道开展“进百家门、见百家人、解百家难”活动，组织辖区干部职工走进困难家庭，帮助困难群众。

2013年，街道发挥党员志愿者作用，开展践行十八大、扮靓家园、慰问困难群体、残疾儿童等活动。郑州市第六届“百万妇女健身活动”展示大赛中，街道选送的《木兰扇》《秧歌》等节目获得二等奖。

2014年，街道举办“践行苦干精神 谱写出彩人生”演讲比赛，开设“雷锋精神在身边 邻里友善一家亲”为主题的道德讲堂，举办“关心帮助残疾人 共筑美好中国梦”慈善救助活动。

2015年，街道成立便民服务中心，集行政事务办理，居民文化活动中心于一体，开展党的理论宣讲、居民精神文明素养提升活动。组建“党员家门口”“民族团结小分队”等特色志愿服务队伍10支，开展便民、为民、利民志愿服务活动40余次。西大街党群服务中心建成，建筑面积达2700平方米，其中群众文化活动中心面积800平方米。文化

青少年垃圾分类宣传教育

活动中心内设多功能活动室、图书室、舞蹈排练厅、棋牌室、电子阅览室等，配置书籍3000余册，计算机10台。

2016年，街道在辖区开展文明礼仪养成教育活动10余次。利用道德讲堂，宣扬道德模范事迹，发动群众学习模范典型。开展法律知识宣传活动15次。加强志愿服务队伍建设，辖区注册志愿者1500余人。

2017年，街道制定诚信建设主题教育活动实施方案，营造诚信做人、诚信经营的社会氛围。加强网络精神文明建设，利用新媒体发布精神文明建设活动，弘扬社会正能量。开展邻里守望、奉献爱心等志愿服务活动30余次。组织街道职工参加足球赛，开展“夕阳红杯”趣味运动会。

2018年，管城回族区图书馆西大街分馆建成。开展“学雷锋 讲奉献”“做城墙的环保卫士”等志愿服务活动。举办“最美铁警 感动你我”“一路有爱 志愿同行”道德讲堂。评选辖区“文明市民”12人。

2019年，街道以“迎民族盛会 庆七十华诞”活动为契机，组织“绿城使者”志愿者在辖区开展文明交通、文明乘车、保护环境等志愿服务活动。

平等街社区志愿服务站

街区管理

西大街街道办事处地处老城区，人口密度大，流动人口多。针对以上特点，办事处采取针对性举措，加强治安巡逻，完善监控体系，维护了辖区安定团结的局面。

办事处自成立之初注重市容管理、环境保护、环境卫生等工作。通过定期检查、专项整治等措施，环境卫生状况不断改善。

环卫管理

2000年，办事处实施路段长负责制，每个街管会设路段长1名，每2000米设监督员4名，指派专人负责市容市貌管理工作，沿辖区各条道路对清扫及垃圾清运情况进行检查。与沿街门店签订《门前三包责任书》，组织人员对道路两侧划定停车线；统一沿街门牌，清理不规范门头字号52处，拆除不合格广告牌40个，下发各类整改通知书200份。

2003年，办事处拆除红旗鞋厂四层楼（含该厂厂办楼、锅炉房）及西大街、南顺城街几处老旧建筑物，面积计4300平方米。立面清洗6处12500平方米，立面粉饰5幢（处）5560平方米，拆除（整治）门头广告89处620平方米，修整粉饰建筑工地围墙9处2240平方米。5月至10月，在辖区开展以整治卫生环境为重点的爱国卫生运动。

2004年，在创建国家卫生城市工作中，办事处与辖区单位、沿街门店签订《卫生创建达标责任书》，对辖区南大街、南关街、城南路、南顺城街、菜市街5条道路进行综合整治。

2005年，办事处对维新街、刘家胡同等8条道路两侧外墙、42个居民楼栋，共计8000多平方米的建筑物立面进行粉饰。拆除违章搭建18处，清理卫生死角106处，清运

维新街楼院整治

垃圾80万公斤。通过争创全国卫生城市活动，辖区328个“五小”单位（中小饭店、小理发店、小副食店、小旅馆、熟食店）整治达标261个，关停并转67个，达标率100%。

2008年，办事处对西大街、南大街、平等街及背街小巷的行道树和围墙进行粉饰，粉刷面积约1.5万平方米，并统一规划自行车停车位。拆除不合标准门头牌匾50家，督促整改20家。查处各类占道经营和突出门店经营100余起，拆除违章400余处，清理积存垃圾50车，清除小广告1000余处。

2009年，辖区拆除违章建筑7处，制止违章建房39户，清理占道经营300余处，霓虹灯整治58处，清除小广告、乱贴乱画1000余处，清理卫生死角100余处。

2010年，办事处投资30多万元重点对中实小区、南学街66号院、市三院家属院的环境进行集中整治，拆除违章搭建120处，清理各类垃圾200余车；开展“清洁家园，改善环境”义务劳动4次，拆除户外违规灯箱广告670处，清除乱贴乱画16000处。累计清理占道经营、流动商贩和突出门店经营300余处。完成管城回族区下达的病媒生物防治工作任务，累计消杀面积40余平方千米。组织健康知识讲座4次，发放健康教育宣传单6500份。

2011年，办事处整治残缺霓虹灯50余处，拆除不符合要求LED电子灯60余处，清理小广告2万余处，对辖区2000余棵行道树、100余根电线杆和26个电箱进行统一粉刷，对沿街花坛进行清理。

2012年，办事处拆除门头广告牌匾883处，拆除违法建设77处。

2014年，办事处集中开展越冬蚊蝇、春季灭鼠、防治蚊蝇、蟑螂消杀等治理工作，累计消杀面积达30余平方千米，投放鼠药100公斤，发放食品安全宣传资料4000余份。

2015年，办事处投入85余万元对无主管楼院进行粉刷，对楼栋垃圾道全部封闭。建立网格化城市管理联动机制，加强对沿街门店的管理。

2016年，办事处聘用城管协管60人，对城市车辆管理联合执法80余次，对辖区“四乱”（车辆停放乱、占道经营店外经营乱、垃圾堆放乱、重点区域部位乱）进行集中整治。成立物业管理科，招聘10名保洁员，安排专人对无主管楼院楼顶垃圾进行清理。清理占道经营2000余处、店外经营950余处、小广告1万余处、广告灯箱150余个、卫生死角1500余处。城市环境明显改善，被郑州市委、市政府评为“郑州市城市管理工作先进单位”。

2017年，办事处通过开展“全城清洁行动”“六小专项整治”等集中整治活动，清理楼院内垃圾杂物100车，清理占道经营3000余处、店外经营1450余处、小广告1.5万余处、广告灯箱220余个、卫生死角2000余处，粉刷墙体6000余平方米，张贴文明城市和卫生城市宣传标语版面270块。

2018年，开展“全城清洁”“楼顶整治”“交通治理”等集中整治行动，清理楼院垃圾杂物770车、小广告5000余处、乱堆乱放700余处；整治问题楼顶61栋、私搭乱建21处；清理占道经营3000余处、店外经营1450余处；张贴文明城市和卫生城市宣传标语版面350块。

治安管理

2004年，办事处与辖区公共单位签订《综合治理社会稳定目标责任书》，对辖区网吧、学校周边治安环境等重点地段进行专项整治。

2005年，建成全市城区第一家规范化司法所，调解各类矛盾纠纷46起，调解率达到100%，调成率达到98.6%。对辖区内规范物业小区、家属楼院、封闭小区实行封闭式管理，楼院封闭率达100%。平等街社区、市三院社区、南顺城社区被命名为2004年度“无毒社区”，平等街社区被评为“全省无毒社区示范单位”。

2006年，综合治理监控中心开始建设，在辖区主要区域安装监控摄像头，实行24小时监控。

2007年，调解各类纠纷7起，调解率达100%，调成率98.6%。对学校周边环境进行专项治理3次。

2008年，对辖区安全隐患进行拉网式检查。调解各类纠纷40起，化解各类矛盾10起。开展“楼院封闭”“无毒社区”“无邪教社区”创建工作，先后有5个单位和3个社区被命名为“平安单位”和“平安社区”。整合社区巡防队伍，辖区实现24小时不间断巡逻。

2009年，在辖区内开展矛盾纠纷排查活动2次，调解各类纠纷152起，调解率达98%，调成率达98%，矛盾纠纷排查26起，及时化解26起。

2010年，在6个社区建立监控站，组建义务巡逻队。

2011年，聘请辖区12名积极分子组成安全防范义务巡逻队，实现辖区监控巡逻全覆盖。南顺城街社区社会法庭接待来访群众50余人次，提供法律咨询20余次。全年共排查各类矛盾纠纷20余起，调解率达100%。

2012年，构建网格化管理体系，辖区建立一级网格1个，二级网格5个，三级网格18个，街道机关人员下沉网格推进工作开展。

2013 年，办事处与辖区 5 个社区、14 个公共单位签订了《平安建设责任书》《维稳工作目标责任书》。开展“星级社区”创建工作，“平安之星”楼院达标率达 92%。组织安全防范巡逻员、义务巡逻员、夕阳红巡逻员等队伍加强巡逻，调解矛盾纠纷 40 余起。

2015 年，平等街社区、南乾元社区、南顺城社区创建为管城区“五星级平安社区”。

2017 年，排查矛盾纠纷 24 起，调解处理 24 起。

2018 年，实行“网格长 + 路长制”制度。排查矛盾纠纷 18 起，调解处理 18 起。

人口管理

2003 年，辖区开展计划生育宣传和优质服务活动，制作宣传版面 36 块，向辖区群众发放宣传册 1000 余份；提供义诊 500 人次，免费向居民发放避孕药具 200 多盒。常住人口新建已婚育龄妇女档案 200 多份，变更管理类型 100 多人；下岗、个体无业已婚育龄妇女康检 3000 多人；为流动人口康检 8000 多人。

2005 年，辖区出生总人数 63 人，人口出生率 6.2‰；政策生育率在 98.5% 以内，人口出生统计准确率达 100%。

2006 年，办事处在平等街、砖牌坊街分别建成以“人口和谐”和“健康知识教育”为内容的 200 米人口宣传文化长廊，对辖区“三黑”（黑诊所、黑药店、黑 B 超）进行 6 次大清查。在春季和秋季人口服务活动中，办事处登记常住人口已婚育龄妇女 2560 人，流动人口已婚育龄妇女 1230 人，新建已婚育龄妇女档案 66 份，验证人数 463 人，为流动人口已婚育龄妇女康检 2990 人。办事处在平等街社区建成“健康有约”生殖健康俱乐部，俱乐部集咖啡吧、茶吧、书吧、视听吧于一身，免费向群众发放避孕药具，提供专家咨询等服务。

2007 年，辖区出生婴儿 68 名，全部符合政策，政策生育率达到 100%，人口出生率为 4.7‰，人口出生统计准确率 100%。将 1652 名流动人口已婚育龄妇女纳入管理，持原籍《婚育证明》1465 人，达到 90%，并全部录入计算机。

2008 年，辖区出生婴儿 72 名，全部符合政策，政策生育率为 100%；人口出生率为 4.7‰。人口出生统计准确率 100%。流动人口已婚育龄妇女 1298 人，纳入管理 1285 人，办理《流动人口婚育证明》1268 人，持证率为 98%，管理率为 99%、合同签订率为 99%、康检率为 99%。是年，办事处采集流动人口全员信息 5864 人，其中已婚育龄妇女 1298 人，未婚女性 928 人。

2009 年，辖区出生婴儿 28 名，政策生育率为 100%。辖区 15232 常住人口信息全部录入 MIS 系统；全员建档管理率 100%，其中已婚育龄妇女 3511 人，个体、无业已婚育龄妇女 2154 人，康检率 100%。流动人口中已婚育龄妇女 1602 人，纳入管理 1600 人，办理流动人口婚育证明 1441 人，持证率 90%，康检率 99%。

2010 年，辖区已婚育龄妇女的管理率、计算机录入准确率达 100%，流动人口持证率达 96%。

2011 年，辖区政策生育率为 100%。按政策发放独生子女费，上报 1410 人，发放 34.23 万元。

2013 年，辖区出生婴儿 40 名，政策生育率为 100%。将辖区 1765 名流动已婚育龄妇女纳入管理，管理率达 98% 以上，验证率 100%，合同签订率为 100%，康检率 98% 以上，新办理流动人口婚育证明 396 本，持证率 90% 以上。辖区常住育龄妇女管理率及计算机录入准确率均达到 100%。

2015 年，慰问计生困难户 23 户，落实计划生育特别扶助家庭 17 人，落实生育关怀抚慰金 3 人。发放十八岁以下独生子女费 1014 人，共计 24.34 万元。发放城镇年老奖励扶助 1043 人，共计 116.82 万元。对辖区 1468 名常住育龄妇女和 1385 名流动育龄妇女进行康检。组织辖区 300 名育龄妇女参加由郑州市第三人民医院提供的“两癌筛查”。开展“心手相连、爱满家园”计生服务活动启动仪式，发放宣传页 800 份。

街区人物

西大街人杰地灵，英才迭出。从古至今，这里既有享誉一时的爱国志士、教育家、科学家；也有为新中国成立英勇牺牲的革命烈士，为国争光的运动员、航天英雄。他们不平凡的事迹，镌刻在这座街道的老记忆里。

LOCAL RECORDS OF XIDAJIE

罗志伸

罗志伸（1821—1903 年），郑州南大街人。自幼好学，精通经史，擅长书法，喜欢讨论天下大事。1895 年，罗志伸担任胶州（今胶县）知州。

罗志伸在胶州任职的三年里，卓有政声。光绪二十三年（1897 年）11 月，德国侵略军借口两名传教士在曹州巨野被杀，派遣舰队强占胶州湾，公开提出要租青岛为练兵地，被罗志伸严词拒绝。德国侵略军遂带兵入署，企图以武力迫使就范，罗志伸毫不退让，当面斥责德国军官。

罗志伸的爱国行动，大长了中国人民的志气。但是事件不久，清政府下令逮捕在巨野教案中“闹事”的群众 9 人，同德国签订了《胶澳租界条约》，并将多名官吏革职。罗志伸愤而托病解职。

解职当天，当地群众再三挽留，但罗志伸自知不能扭转逆境，闭门谢客，不再为官，以示对清政府丧权辱国行径的抗议。

赵星阶

赵星阶（1856—1925 年），字瑞平，世居西街（今郑州西大街），是清末民国初期郑州教育界名流，新学倡导人之一。清光绪十五年（1889 年）中举人，历任鹿邑、扶沟、临颍等县教谕，怀庆府（今沁阳县）教授，郑州东里书院院长，开封优级师范学监，汝南师范教员。光绪三十年（1904 年）改东里书院为郑县官立高等小学堂，赵星阶任堂长，开郑州新学之始。民国四年（1915 年），任郑县师范讲习所所长。民国十三年（1924 年）创办郑县县立女子小学，任校长。

赵星阶一生热爱教育事业，成绩卓著，深受推崇，为郑州人景仰。其人善书法，因右手残疾，以左手运之，故有“赵左笔”之称。

赵继谦

赵继谦（1897—？）字益轩，郑州西大街人，自幼家贫，8 岁随伯父赵星阶读书，后考入开封师范学校，毕业后于 1922 年，被郑县教育界人士推选为第四任郑县县立高级小学校校长，任职达 20 年之久。

在职期间，赵继谦励精图治，学校校舍从 6 间扩建到 85 间，并建筑大礼堂一座，规模由 3 个班扩大到 13 个班，学生由五六十人发展到七八百人。他特别注意用人唯贤、用人唯才，不惜重金聘请优秀教师，并严格考核教师工作成绩。

中华人民共和国成立后，赵继谦在街道当义务扫盲教师数年，为教育事业做出了贡献。

杨廷芳

杨廷芳（1910—1946 年），男，郑州南大街人，1938 年入伍，1939 年加入中国共产党，1946 年 11 月在江苏盐城县牺牲。

时从夏

时从夏（1912—1966 年），字华民，郑州西大街人，植物学家。他自幼好学，由郑县县立初级中学、开封济汴高中毕业后，保送进入河南大学理学院，攻读植物学。

1938 年，时从夏大学毕业，获学士学位，留河南大学任教。抗战时期，河南大学迁至豫西山区，他于深山谷中采得 400 余种珍贵标本，进行植物研究。

中华人民共和国成立后，时从夏任河南大学生物组主任。1954 年，改任河南农学院（河南农业大学前身）教授。此间他赴东北和西南的川广云贵等地区进行实地考察，搜集植物标本，经过精研详勘，绘图成册，用以教学，为我国植物学科的研究发展作出了贡献。其著作主要有《河南习见田间杂草图说》《河南植物的调查》《河南经济植物志》《河南省植物医学概论》《河南省野生淀粉植物的调查》《药用植物学》等。

尚传贤

尚传贤（1931—1952 年），男，郑州市南大街人，1949 年入伍，任东北军区兵器教员，1952 年在长春市牺牲。

巫兰英

巫兰英

巫兰英，女，1955年出生于河南省滑县，后居住在郑州市管城回族区南菜市街路北。1973年开始练习射击，1974年入选河南省射击队。1981年10月，在阿根廷第四十二届世界射击锦标赛上，与冯梅梅、邵伟萍合作，获女子双向飞碟团体冠军，并以184中的成绩获得个人冠军，成为中国第一个世界射击锦标赛中的个人冠军。1982年，在第四十三届世界射击锦标赛上，她与队友合作，再次获女子双向飞碟团体冠军，并打破世界纪录。1983年，在世界飞碟射击锦标赛上，与队友合作，第三次获得团体冠军。1989年9月，在意大利蒙特卡蒂尼世界飞碟射击锦标赛上，她与冯梅梅、张山合作，第四次获女子双向飞碟团体冠军，并创造新的世界纪录。巫兰英曾先后5次获世界锦标赛团体冠军，1次个人世界冠军，3次亚洲个人冠军，16次夺得全国个人冠军。其中5次打破世界纪录，11次打破全国纪录。

刘 洋

刘洋，中国首位女航天员。1978 年 10 月 6 日出生于河南省郑州市，初中就读于郑州市第三中学。

2010 年，刘洋从 15 名候选人中脱颖而出，正式成为我国第二批航天员。2012 年 3 月入选神舟九号任务飞行乘组。2012 年 6 月，神舟九号顺利升空，刘洋成为中国第一位飞天的女航天员。2013 年 2 月 1 日，天宫一号与神舟九号载人交会对接任务航天员飞行乘组获选为 2012 中华儿女年度人物团体奖，刘洋代表领奖。2018 年 1 月，刘洋被中宣部授予“时代楷模”称号。

刘洋

大事纪略

观一隅而知天下。在西大街发生的诸多历史事件，是郑州这座城市经济社会发展的重要见证。有的已深刻在岁月的年轮中，成为这个街道共同的珍贵记忆。

LOCAL RECORDS OF XIDAJIE

郑州市南学街小学创办

南学街小学创办于清光绪三十年（1904 年），原名郑县官立高等小学堂，地址在南学街。1913 年迁校址到东书院街，校名为郑县县立高级小学校。1922 年，郑县重建郑县中学，学校又迁回南学街。后学校多次易名。2018 年，学校有 12 个教学班 810 名学生，40 位教师。

郑州南学街小学

郑州市第三人民医院创建

郑州市第三人民医院始建于 1905 年。医院原名为美国南部教会设立的“华美医院”，1951 年河南省人民政府接收后更名为“河南省立第二人民医院”，1957 年移交郑州市。1959 年，医院改名为“郑州市第一医学专科学校附属医院”，同年又改名为“郑州医学专科学校附属医院”。1962 年更名为郑州市第三人民医院，沿用至今。医院是一所集教学、科研、临床、防保于一体的大型综合性三级医院。

郑州市第三人民医院老照片

玉泰生酱园成立

1921年，位于今西大街北侧、裴昌庙街南口以东附近的玉泰生酱园成立，前身是成章泰酱园。1956年，玉泰生酱园实行公私合营。1964年，玉泰生酱园更名为郑州市糖烟酒公司西大街商店，此后不久，其作坊、车间并入鸿兴源食品厂。1983年，其糕点作坊另立门户，改为郑州市糖烟酒公司溢香园食品厂。

普利公药栈开业

1928年，普利公药栈在南大街开业，成为郑州最早的药材行之一。1930年前后，药材业在郑州日渐兴盛，多集中在南大街和东大街一带，南大街被称作药材一条街。生意鼎盛时，附近区域药材行达50多家，中药铺近20家，经销药材品种达600种以上。

郑州市第三中学创办

郑州市第三中学始建于1942年，原名郑县县立中学，1949年更名为郑州市第三中学。学校于1963年和1981年均被定为市重点初中，1972年设高中部，1983年取消高中部，现为市属初级中学。学校2018年有教学班24个，学生1000余人，在职教师100人。

郑州商代遗址发现发掘

1950年秋天，郑州商代遗址被发现。此后的半个多世纪，考古学界对郑州商代遗址进行了考古发掘，发现了大量商代遗迹，出土了大批铜器、玉器、陶器、原始瓷器等遗物。其范围以郑州老城为中心，东起凤凰台、西迄西沙口、北至花园路、南到二里岗，面积约25平方千米。

郑州商代遗址

发现南顺城街青铜器窖藏坑

1996年2月，河南省文物考古研究所和郑州市文物考古研究所联合对南顺城街青铜器窖藏坑进行了发掘，出土青铜器12件。这些青铜器是我国目前所发现的商代前期青铜器中罕见的礼仪重器，是郑州被确定为“商代亳都”的重要佐证。

西大街街道办事处成立

2000 年 4 月，管城回族区政府对北下街办事处进行调整，将其分为北下街和西大街两个街道办事处，西大街街道办事处于 2000 年 4 月 3 日挂牌成立。至 2018 年，街道辖平等街社区、南顺城街社区、华亿社区、南乾元社区、南学街社区 5 个社区。

发现夕阳楼残碑

2008 年 12 月 9 日，在郑州商城遗址城垣西南角发现一块刻有文字的石碑。碑刻用青石雕凿，已残，仅有“阳楼”二字清晰可见。经文物专家推断，这块半截石碑应为郑州古夕阳楼石刻。

西大街街道行政服务中心成立

西大街街道行政服务中心成立于 2000 年，是郑州市成立的第一家为民服务大厅。2015 年 4 月，西大街街道行政服务中心升级改造，搬入南顺城街 56 号，先后更名为西大街街道便民服务中心、西大街街道党群服务中心，是西大街街道办事处行政服务的重要窗口。

西大街党群服务中心

夕阳楼遗址

商都历史文化区5个片区改造启动

2016年，商都历史文化区启动“两院”（郑州商都博物院、郑州文物考古研究院）一期、“两院”二期，亳都古巷，开元寺·塔湾古街，夕阳楼和书院街5个片区改造。辖区的夕阳楼片区位于郑州商城内城垣西南角，北至西大街，东至南大街，面积约0.2平方千米。

大事记

1921年，位于西大街西段路北（现裴昌庙街南口东侧）玉泰生酱园开业。

1928年，普利公药栈在南大街开业，成为郑州最早的药材行之一。

1950年秋，发现郑州大型商代遗址。

1956年，西大街街道办事处成立。

1958年8月，郑州管城区建立，下辖10个街道办事处，西大街为其中之一。

1961年3月4日，国务院公布郑州商代遗址为全国重点文物保护单位。

1984年，成立郑州市商城遗址保护管理所。

1984年10月，成立郑州尼龙器材厂，是河南省纺织工业厅重点出产尼龙器材配件的专业工厂。

1987年12月，郑州市管城回族区辅读学校成立。

2000年4月3日，西大街街道办事处成立。

2000年4月，西大街街道党（工）委成立，下辖5个社区党支部和1个流动党支部。

2000年4月，西大街街道工会成立。

2000年，西大街街道人大工作委员会成立。

2000年4月，设立共青团西大街街道办事处支部。

2000年4月，成立西大街街道妇女工作委员会。

2000年4月，西大街街道办事处成立河南省城区办事处中第一家司法调解中心。

2000年5月，西大街街道流动党员党支部在南学街市场成立。

2000年6月，西大街街道成立平等街社区。

2000年7月，完成西大街拓宽改造拆迁工作。

2000 年 10 月，西大街街道办事处建成管城区第一个地缘型社区——平等街社区。

2000 年，西大街街道办事处建成郑州市第一家为民服务大厅。

2000 年，实施路段长负责制，每个街管会设路段长一名。

2001 年 1 月 17 日，西大街办事处流动人口计划生育协会在平等街社区揭牌。

2001 年 6 月，西大街街道成立南顺城街社区、南乾元社区、市三院社区。

2001 年 10 月，西大街街道办事处在平等街社区成立河南省首家社区青少年法律学校。

2002 年 4 月，西大街街道成立南学街社区。

2002 年 4 月，平等街社区被评为“全国青年文明社区”。

2002 年 5 月 10 日，西大街街道办事处劳动保障服务中心成立，所属 5 个社区设立社区劳动保障服务站。

2002 年 9 月，平等街社区、南乾元社区、南顺城街社区和市三院社区的“老年福利星光计划”和“三个一工程”建设竣工。

2002 年 11 月，成立郑州市首家政府与家政服务公司联办的家政服务站——郑州市三院社区福到家政服务站。

2002 年 12 月，西大街街道办事处被郑州市委、市政府评为“创建全国文明城市工作先进集体”。

2002 年，西大街街道推出第一期社区文化沙龙，吸引众多媒体报道，并在中央电视台《新闻联播》栏目播出。

2003 年 9 月 11 日，西大街街道办事处成立郑州市首家社区女子学校——西大街社区佳音女子学校。

2003 年 12 月 30 日，西大街街道团委被共青团中央授予“全国五四红旗团委”称号。

2004 年 6 月 18 日，平等街社区综合服务中心正式投入使用。

2004 年 8 月 9 日，平等街社区青年中心正式启动。

2005 年 4 月 29 日，郑州市首家规范化司法所暨人民调解庭在西大街办事处揭牌。

2005 年，西大街街道政协工作委员会成立。

2005 年，辖区将 14 个居委会整合为 5 个社区。

2005 年，西大街商务广场、许昌大厦（瑞贝卡酒店公寓）等项目落户辖区。

2006 年 10 月，西大街办事处成立华亿社区。

2008 年 12 月 9 日，在郑州商城遗址城垣西南角发现夕阳楼残碑。

2010 年，引进北京同仁堂、北京东来顺等 9 家知名企业落户辖区。

2012 年，引进河南摩尔置业有限公司、河南卓森商贸有限公司两家企业总部。

2012 年，构建网格化管理体系，推行“4+2+X”工作机制。

2014 年，西大街街道实施网格化管理，将三院社区合并至华亿社区。

2014 年 10 月 16 日，郑州市政府在郑州商城遗址城垣西南角设立“夕阳楼遗址碑记”。

2016 年 12 月 6 日，辖区夕阳楼片区征迁项目签约开始。

2016 年，启动商都历史文化区“两院”（郑州商都遗址博物院、郑州文物考古研究院）一期、“两院”二期，亳都古巷，开元寺·塔湾古街，夕阳楼和书院街 5 个片区改造。

2017 年 4 月 20 日，郑州市地铁 3 号线动工，西大街顺城街是其中一个站点。

2018 年，实行“网格长 + 路长制”制，进行城市精细化管理。

口述史

古老的刘家胡同大槐树早已不见踪迹，取而代之的是群众盖起的新房；后阜民里中，手推车忙碌穿梭，保留着浓浓的市井气息；社区服务中心里，群众享受着免费的文化大餐；南顺城社区经过了改造，面貌焕然一新……

刘家胡同的老居民、阜民里的老住户、平等街社区的老居民，顺城街社区的工作人员、退休后的老党员……这些西大街的居民，为您讲述半个多世纪以来他们生活中的故事，和您一起感受这里的发展和变迁。

LOCAL RECORDS OF XIDAJIE

刘家胡同的记忆

口述：田淑蓝

整理：刘振宇

我叫田淑蓝，今年 73 岁，1965 年从郑州北郊嫁到西大街这边的刘家胡同，之后的 50 多年间，我大部分时间都在这里生活和工作。经过改造，古老的胡同大都变成了现代化城区，但关于老胡同的记忆仍深深印在我脑海中。

我们现在看到的刘家胡同是在西大街中段路南，南北走向，中间与维新街相交，北起西大街办事处，南与砖牌坊街相通，总长只有约 200 米。胡同虽小，却历史悠久。相传民

刘家胡同

国初年，因为居住的刘姓生意人较多，这里逐渐被大家叫做“刘家胡同”，延续至今。20世纪60年代我刚嫁到这儿时，刘家胡同顶多5米宽，两边多为趴趴房。

那时候，胡同边有棵大槐树，谁也说不清大槐树到底有多少年了，只知道树干大到一个人抱不住，大槐树上面还能看到新发的绿叶。因为槐树旁边有公用的自来水管，大槐树下就成了周边居民的聚会点，主妇们聚在树下洗衣择菜，聊天唠嗑；老年人坐到树边打牌下棋，读报听戏。在阳光晴好的日子，胡同里的老住户会走出家门晒晒太阳散散步。推车卖米卖面卖油的，走街串巷卖针头线脑的小商小贩在胡同里来来往往，笑闹声、叫卖声时常响起，胡同里充满了普通老百姓的市井生活气息。

60年代末，刘家胡同不少人家盖房子，就把大槐树给砍了。到80年代初，刘家胡同两边的趴趴房逐渐减少，成了平房。人们对刘家胡同很爱惜，大家都比较注意卫生，胡同保持的很整洁。我记得那时候刘家胡同还作为卫生先进单位经常迎来参观者呢。

1994年起，刘家胡同、转盘街、维新街都进行了中心城区的改造，胡同两边的老房子被拆掉，建起了7层住宅楼。我们家的房子是1994年拆的，到1997年就回迁了。刘家胡同的老旧住宅那时候经过改造，变得整齐干净多了。2000年，这里的老住户基本回迁完毕。

要说胡同变化最大的，得说2019年了，因为国家出台了老旧小区改造政策，刘家胡同就在改造范围内。经过三个月的改造，胡同面貌焕然一新，两侧青瓦白墙，路边绿植郁郁葱葱，每个居住区都有文化长廊，居民下楼可以观花、打牌，累了到处都能找到可供休息的椅子，特别方便。有朋友来这里看过之后忍不住感叹：“真不敢相信，这是曾经的老胡同！”

不管是趴趴房、平房、7层住宅楼还是刚改造好的胡同，我都觉得住着很舒服，不仅街坊邻居像一家人，生活购物也特别方便。出门不远处就是二七商圈，周边还有好几个批发市场，衣食住行用，不管你缺啥，很快就能买到。离火车站也很近，出个远门坐个车也很便利。

这些年郑州变化大，住宅越来越宽敞、越来越高档，胡同里不少住户家的孩子都在外面买了房，可很多老邻居都不愿意离开这儿。我们家孩子也多次跟我说要我跟他们去住更宽敞的商品房，可我坚决不同意。住了这么多年的老胡同，有感情！现在又改造得这么漂亮、住着更舒心了，谁愿意离开呢？

退休后，我又上起了大学

口述：曾 敏
整理：刘振宇

我叫曾敏，是西大街街道华亿社区（原三院社区）的居民，今年 82 岁。孩子们都说我这是该颐养天年的年纪，但我却上起了大学。为啥呢？一是我认为学习很重要，二是咱社区还真有这个条件。

我觉得学习是一辈子的事，不能因为年龄大了、眼睛花了、身体不方便就停止学习。正是因为如此，2006 年 9 月华亿社区老年科普大学一成立，我就去报了名。

老年大学的课程涉猎很广，有书法、绘画、保健、摄影、花卉、文艺、法律等课程。在书法课上，我学习了楷书、行书、隶书、草书理论知识，我的书法水平得到了很大的提高；在绘画课上，我学习了山水、花鸟画的基本技法，创作出了自己满意的作品；在花草种养课上，我学会了怎样种花养草，把家里的花花草草打理得很好；在文艺班中，我学会了识谱、唱歌、舞蹈，参加了打腰鼓、健身操比赛和太极扇表演等集体活动，并多次参加市、县、区的文艺展演；而在课后与同学们一起交流、探讨，让我的生活变得更充实。

我荣幸地被同学们推选为班长后，就主动起好模范带头作用。每次上课，我都是提前半个小时到教室，在课堂上非常认真地记笔记。2014 年，老年大学成立 8 周年时，我把自己的课堂笔记整理后装订成册，当时我算了一下，字数已经超过了 10 万字。

学吹葫芦丝 马健 摄

这些年，我不但自己上课，还从学员变成了培训老师，和大家一起举办各种活动。比如，我们周二上午上课，下午我就带着大家唱一个多小时的歌、再吹一个多小时的葫芦丝。每周四下午，我会在西大街党群服务中心教大家吹葫芦丝，课程不仅仅针对我们社区，社区外的人也可以学习，而且全免费。

最近两三年，远道而来跟我学习葫芦丝的人越来越多，上学期有一对老夫妻让我印象很深刻。这对夫妻都是60多岁，听他们说，他们家离这里很远，来上课要换乘两趟公交车。每次开课之前，我总是提前几分钟到班里，可即便如此，我发现每次几乎都是我最晚到——学员们比我到的还早！学员们不仅不迟到，课程还经常因为热情高涨而拖堂，两个小时的课有时候会拖到3个小时还不结束。本来这两年我觉得年龄大了、体力快跟不上了，想着把课停了，看到学生有如此高的热情，我就没舍得停课。

回想我的退休生活，在没有老年科普大学时是比较枯燥的，有了老年大学变得丰富多彩了。周边和我情况相似的退休职工还有很多，大家都觉得老年大学让我们的退休生活充实、丰满起来。对我们来说，老年科普大学是社区为老年人办的大好事！

阜民里的市井气

口述：袁海棠

整理：孟　雪

我叫袁海棠，今年94岁，我15岁时来到西大街辖区的阜民里，在这儿一住就是一辈子。

阜民里在城墙西南角外，西接三分院、东邻南关街，又分为前阜民里和后阜民里两部分，东西长约350米。至于这里为什么叫阜民里，没人能说清。因为“阜”有丰富、顺应之意，“阜民”则寓意民殷财阜，物阜民宁，有人说叫这个名字是为有个好期盼。

作为一条古老的小巷，一直到现在，阜民里仍保留着浓浓的生活气息。这里有20世纪60年代到80年代盖的砖瓦房，红砖红瓦、木窗铁门，特色鲜明；胡同口晒太阳的老人，坐的椅子都是有几十年历史的老物件；栏杆上晾晒的白菜、藤蔓里结的丝瓜、绳子上搭着的衣服；爬满墙面的爬山虎像是一面碧绿的大屏风……这些景象，在别的地方都是极少能看到的。

阜民里俯瞰

20世纪八九十年代，这里就是背街小巷，灯不明、路不平，虽说环境不太好，但大家相处和谐，生活得有滋有味。一到饭点，邻里街坊都端着碗到路边吃饭唠嗑。每天上午，小巷里拉架子车的和走街串巷的小商贩来来往往，一番热闹景象。因为这里家庭妇女居多，大家经常在门口扯扯家长里短，生活很是闲适。我现在退休了，也是经常闲散地坐在门口晒着太阳，静静看着街道上人来人往。

时间悄然而过，这里从只有少量本地居民居住发展到本地居民和外来务工者混居，越来越热闹。特别是这些年，因为附近批发市场多的缘故，不少物流从业者把这儿当作落脚地，其中不少农村来郑州的务工者都是拖家带口，他们喜欢在这里落脚是看中了这里房租便宜、位置好。你看现在，平板车、手推车、架子车在巷子里忙碌地穿梭，街边卖烟的、卖饮料的、理发的、修车的，应有尽有。

城市发展越来越快，很多老街道都在消失，但是阜民里，还在这里悠然自得地坚守着岁月。

党群服务中心里文化味浓

口述：马新华

整理：陈晓曼

我叫马新华，1950年出生，住在西大街72号院，我算是土生土长的郑州人了，因为我家几代人已经在这住了100多年了。

退休之前，我在杜岭街美术制镜厂工作，退休赋闲后，孩子们也有了娃儿，我就开始负责送小孩子上学。每天把孩子送走后，我就有了自己的空闲时间，开始计划着学点自己喜欢的东西。

一开始，我自学隶书，因为没有专人指导，起色不大，我一度很苦恼。2016年春，一个邻居告诉我南顺城街社区开了活动室，里边有我喜欢的琴棋书画培训班。抱着试一试的心态，我到当时的西大街便民服务中心（现在是党群服务中心）转了一圈。走进书法室，看到井然有序的环境、闻到浓郁的墨香，我一下子被吸引了。工作人员跟我说，这里不仅可以练习书法，社区还会定期邀请专业的书法、国画老师来教学。我一听就更开心了，这不正是我需要的吗？从那以后，只要活动室开门，我就来学习，只要往这儿一坐，浑身都觉得舒畅。

我从剪纸开始学习，后来学习了书法和国画。经过在服务中心三年多的学习，我都能在寒暑假教小学生们剪纸了，再后来我在高手如云的绿博园剪纸展上获得了一等奖。书画水平也在这三年多时间有了大幅提高，从开始业余练着玩儿到加入墨园书协，我体验到真正的成就感和满足感。当自己画的《富贵吉祥》《荷塘鱼趣》被张贴在活动中心走廊时，我开心了好久，感觉自己的努力得到了大家的认可。

服务中心还有棋牌室、运动室等设施，练习书法累了可以来这里娱乐健身。社区工作人员还经常组织各种文化活动，真正给我们这些退休人员带来了欢乐。像我这个年纪的人，大都喜欢听戏，这里有豫剧、京剧和曲剧社团，基本上来了就有戏可以听。我参加的是豫剧团，每次中心举办活动，我就跟大家一起唱唱戏，别提多开心了！

在服务中心，我们不但老有所乐，还搭上了网络时代的这班车呢。现在智能手机流行，我们上了年纪不会玩，这里的工作人员特别热情，有啥不会的操作只要跟他们一说，他们就手把手教我们了。

这些年来，我在服务中心学到了很多，真正在这里做到了老有所学、老有所乐和老有所为。我们都很庆幸，服务中心让我们享受到了时代发展和社会进步带来的文化便利。

党群服务中心学书画 马健 摄

记忆里的西大街街道

口述：张亚军

整理：刘振宇

我叫张亚军，今年 50 岁。我是在维新街 41 号院出生的，这个院是个四合院，原来就在咱西大街办事处斜对面，1995 前后年拆除重建了。老院拆除后，我虽然不在这儿住，但一直在这儿工作。这些年来，西大街街道日新月异，但记忆中的西大街和老四合院仍留在我的脑海中。

和一般的四合院差不多，老 41 号有左厢房、右厢房、堂屋、前院和后宅。砖牌坊街上也有几个这样的大院，阜民里之前还有 8 个更好的宅子。有些宅子当年是冯玉祥盖的，用的砖是城墙砖，砖上还有字，现在一些居民家里还能看到这样的砖呢。为啥砖上有字呢?因为这里城墙最早是土墙，清朝的时候用砖翻盖了，当时的制造局在每块砖上都刻上字以表示这是“官砖”。现在这一带的规划，还是沿着当时老宅子的位置布局来的。街道统一、宽窄统一，道路设施和围墙都是一样的，很多人进来后容易迷路。

20 世纪六七十年代的时候，这一带的路是土路，维新街、刘家胡同在没有通自来水之前大家共用一个水管，每家有一把钥匙，拎着水桶来接水，再倒到家里的储水大缸里，水费则是大家公摊。我记得当时水管的位置，就在现在办事处传达室的窗户后边。

在这里，生活很方便。我记得代书胡同下坡以前是个煤厂，好像叫做黄殿坑煤场，大家用煤都是从那儿拉。西大街两边，有豫泰盛、油茶铺、东来顺、西兰轩等公共食堂，豫泰盛对面有个国营菜店，现在的工商银行旁边原来是个粮店，旁边还有一个副食品店，大家买菜卖肉都很方便。不过，那时是计划经济，买啥都要票，粮票还分粗粮和细粮呢。

当时大家收入不高，普通百姓每月工资 10 元左右，在工厂里高点的能有十几元。当时物价也低，一碗烩面 4 毛钱，一碗油茶 1 毛钱。西大街上的油茶铺是当时是郑州口味特别正宗的店，里面的炸麻团和麻糖很受欢迎。

70 年代后期，七八岁的我和小伙伴们一起玩耍，谁家做好吃的我们就一起过去吃，大人也都热情地招待。空闲时候，小伙伴们还一起挑水，因为我当时太小挑不动，要两个人一起抬。到了晚上，有时候空地上会放露天电影，放的最多的是打仗片。

80年代的时候，父亲买了一台飞跃牌黑白电视，好像是12寸的，上面支棱着两根天线。虽然当时只能收一个中央台，但经常有人来我家看电视。晚上8点之后是电视剧，父亲就提前把电视抬到院里，街坊邻居们都拎着小凳子来看。

80年代我印象最深刻的是辖区有很多好吃的。南顺城街上有曹记包子、金记饺子、小普涮锅、老巴铜锅、王记汤馆等美食摊点，来这儿吃饭的有各色人物。80年代末发展成“清真小吃一条街”，后面饭店、前面小推车摊成了当时的一景。我记得当时老巴烧鸡牛肉是手推车推着在路边叫卖的，胜利鸡是在顺城街西大街交叉口摆摊的；曹记包子有个女老板；老巴铜锅类似于现在的“八大碗”。

西大街街道发展到现在，以前泥泞、积水的土路都变成了柏油马路，原来的四合院变成了高楼，多家共用一个水管、围坐院里看电视的情景也已远去。群众的生活水平越来越高，昔日的景象只留在了我们的记忆中。

维新街

为居民服务　我很快乐

口述：谢瑞清

整理：刘振宇

我叫谢瑞清，今年 77 岁，家住平等街社区，在西大街街道生活了一辈子。1994 年我退休后加入了志愿服务队，生活从此变得更加丰富多彩，我也感觉很快乐。

记得我退休后不久，平等街社区成立了“党员家门口服务队”，我自告奋勇当起了队长。服务队就是做一些便民服务，比如给自行车打气、补胎，会手艺的给大家理发，平时上街维护一下交通秩序等。另外，我们还成立腰鼓队、舞蹈队，平时带着大家一起玩。

刚开始有人不理解，说我们“出风头”，但我们觉得，退休党员为大家做点事理所应当，所以我们坚持了下来，并且做了不少自己觉得很自豪的事，春节执勤和解决邻里矛盾就是其中重要的两项。

每年大年三十晚上，我们会安排几个队员在社区执勤。要知道，好多人过年都有回老家的习惯。人回老家了，楼院中多了不安全因素，保安全就成了执勤的重点。我们执勤时一旦发现紧急情况就迅速报告给物业或办事处。过去郑州还能放鞭炮的时候，要特别注意防止火灾。服务队的执勤能让大家过个安心、放心年，我们觉得很有意义。

至于解决邻里矛盾，可能和我性格有关，我为人比较热情，发现邻里之间有了矛盾，夫妻之间生了气，我都会主动问一问。

2009 年前后，我们社区有一对 60 多岁的夫妻闹起了矛盾。为啥呢？男方爱喝酒，女方没上班，男方不怎么顾家也不愿意给女方生活费。我知道了这事，就去劝解。我跟男方说，咱这一片那么多模范夫妻，你不好好学学？夫妻俩本就是一家，你媳妇顾家，你得负起养家的责任呀。经过我的劝导，这俩人终于合好了，现在老两口 70 多了感情还很好。每次见到我，俩人都热情地跟我打招呼。

2016 年，我又帮社区一对年轻人解决了婚姻问题。这俩年轻人是异地恋，男方在南阳，女方在我们社区。女方家长嫌男方远，不同意这门亲事。后来我去调解，苦口婆心地讲“千里姻缘一线牵”，让他们好好沟通。最后，男方来了郑州，连父母也都接来了，现在两家住在一起，非常和谐。和谐到啥程度呢？双方父母见到我都很感谢，这边说没见过这么好的媳妇、那边说没见过这么好的女婿。人们常说婆媳处不好、亲家处不好，像这两家处得这么好的，我还真没见过。

通过这些年的志愿服务，我和邻里更熟悉了。邻里见到我都特别亲切，有事都愿意来找我。我也感到很高兴，感觉自己越活越年轻、越活越开心，要用一句话来概括，就是为人民服务，自己更快乐！

社区旧貌变新颜

帖新玲 / 文

我叫帖新玲，家住菜市场 1 号院，我在南顺城街社区工作 5 年了。这些年来，我们社区变化很大，用“旧貌变新颜”来形容一点也不过分。

南顺城社区的街道、胡同、小区都比较老旧，老旧小区大部分房龄超过 20 年。以前，小区内的环境条件差，基础设施配套不健全，地面、台阶破损严重、无障碍设施缺失，违章建筑、私搭乱建、私拉乱扯电线、杂物堆积、私建地锁占用公共通道等现象比较严重。街道办事处和社区虽然经常不定期组织人员清理，但一直无法彻底根治，让我们社区工作者非常头疼。

让我们感到既意外又惊喜的是，2019 年我们辖区内的刘家胡同、维新街、菜市场、集业小区、中实小区等都被列入了老旧小区的升级改造工程项目中。社区抓住机会进行升级改造，效果非常明显。

环境方面，首先是拆除了道路两侧和楼院多处居民私搭乱建的房屋，增加空地 800 平方米，真正把公共空间还给居民。然后通过设立老照片回忆墙、在街角设置绿植微景观、在楼院空地建休闲长廊、增加绿化面积等措施，社区成为融艺术审美、安全便民、彰显情怀为一体的典范，不仅看起来赏心悦目，丰富的实用功能也让群众深切感受到方便和舒适。

基础设施方面，社区也进行了一番大的改造。疏通雨水、污水管道和化粪池，开始实现雨污分流，更换维修破损管道设施；更新、硬化、修复小区道路，增加居民活动场地；设置、整修小区大门，安装车辆道闸，升级出入管理系统；完善小区消防设施、监控、智慧安防系统；改进小区照明系统，补齐路灯、楼道灯；整修、粉刷楼宇公共部位内墙，让

南顺城街社区

楼宇和周边建筑更加协调；明确了车辆停放区域，合理规划、增建机动车和非机动车停车位；配备电动自行车集中充电设备……一番改造下来，整个社区的面貌焕然一新。

现在，大部分改造已完成，个别地方还在继续改造中。我们居民都希望改造早日完毕，让老旧小区彻底焕发青春。

小车不倒只管推

胡东乔 / 文

我是胡东乔，现年 92 岁，党龄 64 年，是平等街社区“党员家门口服务队”的一名老队员。退休前，我是理发店的理发师，1987 年退休后，在家闲着没事的我就发挥余热给大家义务理发，这一干就是 30 多年。

开始义务理发，要从我发现社区老年人行动不便、理发不方便开始，我和家人说起的时候，得到了他们的支持。我之前用的推子需要连接电源不方便携带，儿媳还专门给我买了能充电的推子。就这样，一块围布、一把梳子、两把推子、两把剪刀加上一块用来擦头发的海绵，这些简单的工具装在小车上，我就开始了义务理发之行。

除了为左邻右舍义务理发，每周三上午，我和老伴会乘一个多小时的公交车来到平等街社区，为平等街社区的群众义务理发。对孤寡老人、高龄老人、瘫痪病人等不方便行动的人，我会定期上门服务。平等街社区有位 80 多岁的胡老太，年轻时患病导致全身瘫痪。为理发一事，她的家人曾多次请人上门服务，但因躺着理发不方便而屡遭婉拒。我听说后，当即表示愿意为其免费理发。初次上门，我主动为她移床、翻身，多花了几倍的时间帮她理好了头发，胡老太非常感动。

我有一个小本子，上边记录着十多位孤寡、空巢老人和残疾朋友家的地址和联系方式，隔一段时间就会上门为他们服务。

岁月流逝，人不服老不行。我原本步履铿锵、身板硬朗，如今也有些蹒跚了，老伴的身体也没有以前好了，但她仍然坚持陪着我。30 年多来，不管刮风下雨还是烈日炎炎，我们的脚步都不曾停下。人多的时候，她会协助我，细致为顾客围上围布，为理好发的居民擦拭碎头发。大家看我们上了年纪，担心我们的身体，理完两三个人就会劝我休息休息。虽然有些辛苦，但我们觉得能够为大家服务是我们的荣幸。

有一定的技术，态度也好，而且不收费，我们渐渐在社区有了名气。社区人说我是大家眼中的活雷锋，我听了心里很是高兴，也很乐意成为“党员家门口服务队”里的“志愿服务大忙人”。

前两年，社区工作人员告诉我，我的事迹被拍成了微视频传到了网上，产生了一定影响力，陆续有20多名老党员加入到了志愿者服务队，我更高兴了。我们这些人平均年龄超过60岁，在社区建设里担当着多种角色，有环保劝导员，向居民宣传卫生环保知识；有治安巡逻员，提醒居民注意安全防范；有义务调解员，耐心化解邻里纠纷和矛盾……

义务理发是一种选择，党员服务是一种责任，不知道以后的路有多长，小车不倒只管推。

胡东乔老人义务理发

附　录

郑州商代城址

郑州商城的发现和布局

1950 年秋天，有一位名叫韩维周的小学教师，在郑州东南郊二里岗一带，采集到一些绳纹陶片和磨光石器，经文物考古部门鉴定，确认为商代遗物。1952 年 10 月和 1953 年，文物考古工作者相继在郑州二里岗进行了大面积的考古发掘，发现了丰富的商代遗迹和遗物，并将这类文化遗存命名为商代二里岗期文化，根据地层叠压关系，又将其分为二里岗期下层和二里岗期上层前后两个阶段。其后，经过文物考古部门的调查和发掘，了解到这种商代文化遗存分布范围较广，东起凤凰台，西至西沙口，北抵花园路，南到二里岗，遍及整个郑州市区，面积约 25 平方千米。既发现有商代房基、窖穴、壕沟、水井、墓葬和祭祀坑等遗迹，也发现有铜器、玉器、陶器、骨器、蚌器、原始瓷器以及习刻字骨、陶文符号等遗物。

1955 年秋，在商代遗址中部的白家庄，发现在商代文化层的下面，叠压着很厚的夯土层。这种夯土呈淡红色，十分坚硬。1956 年沿着夯土的走向进行钻探，发现夯土层的一端由白家庄沿城东路西侧向南延伸，与郑州老城东城墙内的夯土相连；夯土层的另一端从白家庄西侧向西穿过紫荆山，沿金水大道南侧继续向西，直到河南省军区南院，又沿杜岭街东侧折而向南，与郑州老城西城墙内的夯土相接；南城马路和熊耳河北侧的郑州老城南城墙内也有相同的夯土。这四面连接的夯土，组成了一座规模巨大的纵长方形城垣，经考古发掘证明，这是一座比安阳殷墟还要早的商代城址。沉睡了 3000 多年的郑州商城，终于展现在人们面前了。

郑州商代城墙，全是用土分层夯筑起来的。每层夯土的厚度一般为 8 ~ 10 厘米，但也有厚达 20 厘米或薄到 3 厘米的。每层夯土表面皆布有密集的圆形尖底和圆形圜底夯杵印痕，夯窝口径多为 2 ~ 4 厘米，深约 1 ~ 2 厘米。另外还发现数量很少的长方形或三角形夯杵印痕。根据夯窝的大小、形状和分布的密集程度推测，有可能是用成捆的圆木棍作为夯筑工具夯筑城墙的。由于夯层薄、夯窝密，所以夯土层相当坚硬。从夯筑的质量看，城墙中部的夯层一般稍厚，夯打的质量较差，甚至有些地方还比较松软，而城墙边缘部分夯层较薄，夯打质量也较好。这种现象可能是被迫参加筑城的奴隶们，为了反抗奴隶主的压迫，在筑城时进行消极怠工的结果。

城墙的横剖面呈梯形，中部夯层呈水平分布，层层叠筑，是城墙的主体，即“主城墙”；梯形两腰的夯层则是倾斜筑成的，即“护城坡”。城墙内侧的坡度较缓，外侧坡度陡峭。“主城墙”是用版筑法筑成的，两侧与“护城坡”接缝处有近于垂直的壁面，壁面上留有横列木板的痕迹。由此可以看出。“护城坡”的斜夯土层除了有加固城墙作用外，还与版筑“主城墙”时，支撑横堵的木板有关。

在南城墙探沟 CST3、CST4 内，清理出来的商代城墙内侧壁，部分保存较好。它的筑法是：在修筑城墙之前，先平整地面，然后在“主城墙”内壁相应的地面上，向下挖出一道与城墙相平行的沟槽，作为建筑城墙的底部基础。商代城墙夯土层是从沟槽底部层层夯筑的。当夯土层筑到与沟槽口部相平齐时，便开始用横列木板相堵，逐层夯筑出两壁近于垂直的“主城墙”。因此，在“主城墙”两壁上遗留有比较明显的横木板痕迹。现存版筑痕迹的两壁通高 1.50 米，每块木板长约 3 米左右，板宽 0.16 ~ 0.19 米。在紧靠“主城墙”版筑面的内侧，附加有内高外低的斜夯土层，即“护城坡”。“护城坡”顶面上铺有一层料礓石碎块，这可能是为了防止“护城坡”受雨冲刷而铺设的保护层。

在东城墙探沟 CET7 中，清理出来的商代城墙下半部宽约 10.60 米，内外侧均保留有近于垂直的版筑壁面，壁面高 3.50 ~ 3.60 米。版筑痕较清楚，木板长 2.50~3.30 米，板宽 0.15 ~ 0.30 米。主城墙外侧的“护城坡”底宽约 4 米，内侧的“护城坡”底宽 7.25 米。

在“护城坡”的表面，也铺设有砂礓碎石块的保护层。从发掘中可以看出，“主城墙”是分段版筑而成的，每段长约 3.80 米。其筑法是，将两壁和一个横头用木板相堵夯筑而成。采用这种方法，逐段向前延伸，从而使城墙逐渐加长。在段与段相接处，也发现有横列木板的版筑痕迹。

从上述情况看，在郑州商城修建的时候，采用了“护城坡”堵挡木板的方法，但尚未使用立柱、夹棍和绳索来固定木板的技术，表现出夯筑技术有一定原始性。

郑州商城的平面近似长方形，北城墙长 1690 米，西城墙长约 1700 米，南城墙和东城墙均长约 1870 米，周长将近 7000 米。西北城角、西南城角和东南城角都近似成直角，唯北城东段向南倾斜。北城墙东段即现在的紫荆山，这里有一条相当古老的沙土岗子，商代筑城时，到这里便依照土岗的走向，就其高度修建过去，所以商城的东北角就不成直角了。在郑州商城四面城垣上，共发现 11 个宽窄不同的缺口，有些缺口是城墙废弃后损毁的。有的可能与商代城门有关。郑州商城的西城墙西段破坏较甚，残墙绝大部分掩埋在现今地面之下；北城墙东段、东城墙和南城墙的绝大部分还保存在地面之上，其中尤以东南城角保存最好。

郑州商城不仅有高大的夯土城墙，而且城内还有丰富的遗迹。

在郑州商城内的中部偏北和东北部一带，以东里路为中心，北自顺河路北侧，南至城北路南侧，西起河南省戏曲学校西院和黄河水利科学研究院南院，东到黄河医院和郑州医疗器械厂院内，约占郑州商城六分之一左右的范围内，先后发现了 20 多处成组的或大型的及结构复杂的商代夯土建筑基址。有的夯土基址面上，还保存有柱子洞或柱础槽和石柱础，表明这里是商代宫殿遗址区。近年来的考古发现证明，在郑州商城的中部偏东、偏南、偏西处，也有少量较大的夯土建筑基址。此外，在城内还发现一些形制较小的房屋基址，以及相当数量的商代遗存，这可能是一些平民居住区。

在城内还发现许多农业生产工具，由此推测，在偌大的郑州商城内，可能有若干空地进行农业种植，这正是早期城市的特点。

郑州商城的年代

从 1956 年秋开始，在四面城墙上，有计划地进行了重点考古发掘，并采取横断城墙开挖探沟，由上到下逐层揭露的方法，以了解城墙的建筑结构和地层叠压情况。至今，环绕城墙共开挖了 24 条探沟，通过发掘，不但证实了这座大城的存在，而且还证实了这确实是一座商代古城。

根据 24 条探沟的地层叠压关系，从上到下、从晚到早，可将郑州商城城墙地层叠压的顺序归纳如下：农耕层和现代扰土层→宋代文化层或宋代夯土层→战国文化层→战国夯土城墙→商代二里岗期上层（包括一般文化层、房基、窖穴、墓葬和以狗为牺牲的祭祀坑）→商代二里岗期下层（包括一般文化层、房基、窖穴和墓葬）→商代城墙夯层→商代二里岗期下层（仅有两条小沟）→南关外期（包括一般文化层、壕沟和灰坑）和二里头文化层（包括灰土沟和灰坑）→龙山文化层。这些为确定郑州商城城垣的建造和使用年代，提供了重要依据。

在探沟中发现有商代二里岗期文化层叠压着城墙内侧的夯土层。其中在 12 条探沟中发现有商代二里岗期下层文化层，作倾斜状覆盖在商代城墙内侧下部的夯土层上，偏上部堆积薄，愈向下则堆积逐渐加厚，并和城内分布的同时期文化层相衔接。在 15 条探沟中发现有商代二里岗期上层文化层叠压在二里岗期下层文化层之上，或直接压着城墙夯土层。这些地层叠压关系证明，在城垣筑好以后，从商代二里岗期下层一直到商代二里岗期上层时，都有人们居住在城内。

在 6 条探沟内分别发现有商代二里岗期下层和上层的房基，它们都修筑在压着城墙的商代二里岗期文化层上，个别房基直接坐落在城墙内侧最下部的夯土层上。这些房基，都是城垣筑成后，在商代二里岗期下层和上层时期，居住在城内的人们遗留下来的。在 10 条探沟内分别发现有 5 座商代二里岗期下层土坑墓和 25 座商代二里岗期上层土坑墓。这些都是利用城墙内侧堆积很高的同代文化层挖坑埋人的，其中有些墓室底部还直接挖破了商代城墙夯土层。

在 5 条探沟内的商代城墙内侧的商代二里岗期文化层中，发现 9 个商代二里岗期下层窖穴和 3 个商代二里岗期上层窖穴，这些窖穴直接或间接地压着商代城墙夯土层。

根据上述情况，可知夯土城墙的时代不会晚于商代二里岗期下层时期。

在 24 条探沟内发现的商代夯土层，不仅土质和夯土结构相同，而且包含物也相同。

其中出土时代最晚的遗物，是少量的商代二里岗期下层的陶片，从而说明夯土城墙的修建时间不能早于商代二里岗期下层时期。

在 5 条探沟内的夯土城墙下面，压有二里头文化的文化层、灰沟和窖穴，压有商代早期南关外期的文化层、壕沟和窖穴，压有龙山文化层。在 2 条探沟内，发现商代夯土城墙的下面，压有商代二里岗期下层时期的小沟。这也从一个侧面说明，夯土城墙的时代不能早于商代二里岗期下层，更晚于商代早期的南关外期及二里头文化和龙山文化晚期。由上述情况可知，郑州商城应建于商代二里岗期下层一期偏晚阶段，其使用时间应是从商代二里岗期下层二期开始，一直延续到商代二里岗期上层二期。

此外，根据东城墙探沟 CET7 商代夯土层内出土木炭的碳 14 测定数据，其绝对年代为距今 3235±90 年（树轮校正为 3570±135 年），证明郑州商城是一座比偃师尸乡沟商城晚又比安阳殷墟早的商代城址。

郑州商城的性质

郑州商城有 25 平方千米的广阔范围，有长达 7 千米的高大城垣，有许多雄伟的宫殿建筑和各种各样的手工业作坊，有大型方鼎、圆鼎等青铜重器和罕见的甲骨文等，这说明郑州商城不是一般城市，而是一座可与安阳殷墟媲美的商代王都。

郑州商城为成汤所居的亳都，主要论据有以下四点：

1. 古代文献中记载有东周时期郑地之亳。《左传》襄公十一年："公会晋侯、宋公、卫侯、曹伯、齐世子光、莒子、邾子、滕子、薛伯、杞伯、小邾子伐郑。秋，七月，己未，同盟于亳城北。"杜注："亳城，郑地。"可见，东周时这里是"亳城"。

2. 郑州商城出土的陶文证明东周时期郑州商城叫亳、亳城或亳丘。从 1956 年到现在，在郑州商城北部和东北部的金水河、白家庄一带曾发现了好几批东周时期的陶文，这些陶文都是用印戳打在豆柄或豆盘上的。其中大多为一个"亳"字，也有印"亳丘"二字的。"丘"即"墟"，"亳丘"应该就是"亳墟"。这的确是一个重大发现，东周时既称郑州商城为"亳丘"，可见郑州商城名亳，并非始自东周，而在东周以前应该早有亳名，如同"殷墟"曾是殷都一样，"亳墟"很可能就是因为郑州商城本是商的亳都而得名的。

3. 汤都亳的邻国及其地望与郑州商城相合。根据文献记载可知，葛在郑州附近，韦就在郑州，顾在原阳、武陟一带，昆吾在新郑、新密一带，夏桀在伊洛地区。成汤自北沿太行山东麓南下，先占领黄河南岸（顾），再攻占郑州（韦），然后攻打入夏的门户（昆吾），最后进入伊洛地区（桀），由此可见，汤居郑州之亳，正合于韦—顾—昆吾—夏桀的作战路线。

4. 郑州商文化发现的情况与成汤居郑地之亳相合。从年代来看，郑州商文化遗址可以分为先商期、早商期和晚商期，其中以早商期遗址分布最普遍，内涵丰富，商城的修筑与使用主要在这一时期。同时，商城东墙探沟（CET7）出土的木碳，经碳 14 测定，其树轮校正年代为公元前 1620—公元前 1595 年，与古文献所载成汤都亳之年相差不远。这为汤居郑之亳提供直接的年代根据。从文化遗址的分布来看，郑州商城内的宫殿遗址面积约为殷墟的两倍左右，整个郑州商代遗址的总面积（25平方千米）稍大于殷墟（24平方千米）。所有这些都说明，郑州商城只有殷墟能与之相比。殷墟是商代后期的王都，郑州商城作为商代前期最主要的王都，也是相称的。

——摘编自杨育彬、袁广阔主编：《20世纪河南考古发现与研究》，
中州古籍出版社，1997年12月

郑州商代遗址

参考文献

[1] 郑州市管城回族区志编纂委员 . 管城回族区志（1991—2003）. 郑州：中州古籍出版社，1993.

[2] 明嘉靖《郑州志》.

[3] 清康熙《郑州志》.

[4] 民国《郑州志》.

[5] 孟宪明 . 图文老郑州・老街道 . 郑州：中州古籍出版社，2004.

[6] 管城回族区文物局 . 管城回族区文物志 . 郑州：中州古籍出版社，2012.

[7] 管城回族区人民政府 . 郑州市管城回族区地名志 . 郑州：中州古籍出版社，1992.

[8] 张国硕 . 夏商时代都城制度研究 . 郑州：河南人民出版社，2001.

[9] 河南省文物考古研究所 . 郑州商代铜器窖藏 . 北京：科学出版社，1999.

[10] 河南省文物研究所 . 郑州商城考古新发现与研究 . 郑州：中州古籍出版社，1993.

[11] 杨育彬 . 郑州商城初探 . 郑州：河南人民出版社，1985.

[12] 程士玉，等 . 建设郑州新商都 . 郑州：河南人民出版社，1993.

[13] 王廷曦，戴济民 . 郑州商城考 . 郑州：中州古籍出版社，1993.

[14] 河南省文物研究所 . 郑州商城考古新发现与研究 . 郑州：中州古籍出版社，1993.

[15] 杨育彬，等 . 中国青铜器全集 . 北京：文物出版社，1996.

[16] 河南省文物考古研究所，郑州市文物考古研究所 . 郑州商代铜器窖藏 . 北京：科学出版社，1999.

[17] 郑州历史文化丛书编纂委员会 . 郑州市文物志 . 郑州：河南人民出版社，1999.

[18] 河南省文物考古研究所 . 郑州商城：1953—1985 年考古发掘报告 . 北京：文物出版社，2001.

[19] 杨育彬，袁广阔 . 20 世纪河南考古发现与研究 . 郑州：中州古籍出版社，1997.

[20] 郑州市人民政府，中国古都学会，中国殷商文化学会 . 郑州商都 3600 年学术论文集 . 郑州：中州古籍出版社，2004.

[21] 郑州市人民政府，中国古都学会 . 郑州商都 3600 年学术研讨会暨中国古都学会 2004 年年会论文选编 . 郑州：中州古籍出版社，2005.

[22] 郑州博物馆 . 郑州博物馆文物集粹 . 郑州：中州古籍出版社，2018.

[23] 郑州市地方史志编纂委员会 . 郑州市志・1. 郑州：中州古籍出版社，1999.

[24] 郑州市地方史志编纂委员会 . 郑州市志・2. 郑州：中州古籍出版社，1998.

[25] 郑州市地方史志编纂委员会 . 郑州市志・3. 郑州：中州古籍出版社，1997.

[26] 郑州市地方史志编纂委员会 . 郑州市志・4. 郑州：中州古籍出版社，1999.

[27] 郑州市地方史志编纂委员会 . 郑州市志・5. 郑州：中州古籍出版社，1998.

[28] 郑州市地方史志编纂委员会 . 郑州市志・6. 郑州：中州古籍出版社，1998.

[29] 郑州市地方史志编纂委员会 . 郑州市志・7. 郑州：中州古籍出版社，1998.

[30] 郑州市地方史志编纂委员会 . 郑州市志・8. 郑州：中州古籍出版社，2000.

编纂始末

根据中国地方志指导小组办公室《关于启动〈中国名街志丛书〉编纂工程的通知》和《中国名街志文化工程实施方案》部署，开发利用地方志文化资源，传承乡土历史文化，保存乡土文化记忆，充分发挥地方志“资政、教化、存史”功能，是一项意义重大的工作。

《西大街街道志》编纂之始，编纂团队立足于展现西大街街道发展特点和独有价值，统合古今，详今略古。对新中国成立以后，特别是中共十一届三中全会以来所发生的重要史实进行重点记述，深入挖掘西大街街道锐意进取的发展历程、改革创新的人文精神。

《西大街街道志》从街情特点出发，突出街域特色和重要史实，在篇目设置上力图有所创新，在语言上努力追求朴实、严谨、简洁、流畅，增加可读性。

在《西大街街道志》编纂过程中，河南日报农村版地方史志编辑部的编辑各负其责，其中殷淑娟负责编纂《概述》《基本街情》《经济发展》，盛俊红负责编纂《郑州商城遗址（西大街辖区）》《夕阳楼遗址》《古街老巷》《大事纪略》，段俊韶负责编纂《民俗风情》《教科文卫》，孙兵负责编纂《基础设施》《街区管理》《街区人物》，刘振宇负责编纂《口述史》。后期，殷淑娟、盛俊红负责书稿的初审，河南日报农村版总经理顾华负责书稿复审，保证了《西大街街道志》的顺利完成。

西大街街道办事处十分重视街志的编纂工作，街道党工委书记李颖辉、办事处主任魏峰多次对街志编写提出要求，审核提纲。党工委委员沙红庆具体负责协调各领域、各部门、各社区，合力支持街志编写工作。街道党政办及各部门以及相关单位积极提供资料。在此谨向为本书付出辛勤劳动的所有人士致以衷心的感谢！

因本书中所选照片及文章众多，部分作品未能在出版前及时联系到著作权人，请著作权人看到后与我们联系，我们将奉上稿酬。

街志编纂工作，时间仓促，资料分散，加之理论水平有限，才疏学浅，虽潜心编纂，数易其稿，其错误和遗漏的地方在所难免，敬请社会各界和专家学者批评指正。

《西大街街道志》编纂委员会

2019 年 10 月